Devassando o invisível

Yvonne A. Pereira

Devassando o invisível

(Estudos sobre fenômenos e fatos transcendentes devassados pela mediunidade, sob a orientação dos Espíritos Guias da médium.)

Copyright © 1963 *by*
FEDERAÇÃO ESPÍRITA BRASILEIRA – FEB

15ª edição – 14ª impressão – 1,4 mil exemplares – 9/2025

ISBN 978-85-7328-711-0

Todos os direitos reservados. Nenhuma parte desta publicação pode ser reproduzida, armazenada ou transmitida, total ou parcialmente, por quaisquer métodos ou processos, sem autorização do detentor do *copyright*.

FEDERAÇÃO ESPÍRITA BRASILEIRA – FEB
SGAN 603 – Conjunto F – Avenida L2 Norte
70830-106 – Brasília (DF) – Brasil
www.febeditora.com.br
editorial@febnet.org.br
+55 61 2101 6161

Pedidos de livros à FEB
Comercial
Tel.: (61) 2101 6161 - comercial@febnet.org.br

Adquirindo esta obra, você está colaborando com as ações de assistência e promoção social da FEB e com o Movimento Espírita na divulgação do Evangelho de Jesus à luz do Espiritismo.

Dados Internacionais de Catalogação na Publicação (CIP)
(Federação Espírita Brasileira - Biblioteca de Obras Raras)

P436d   Pereira, Yvonne do Amaral, 1900–1984
         Devassando o invisível: (estudos sobre fenômenos e fatos transcendentes devassados pela mediunidade, sob a orientação dos Espíritos guias da médium) / Yvonne A. Pereira. – 15. ed. – 14. imp. – Brasília: FEB, 2025.

         216 p.; 23 cm – (Coleção Yvonne A. Pereira)

         ISBN 978-85-7328-711-0

         1. Mediunidade. 2. Espiritismo. I. Pereira, Yvonne A. (Yvonne do Amaral), 1900-1984. II. Federação Espírita Brasileira. III. Título. IV. Coleção.

                                           CDD 133.93
                                           CDU 133.7
                                           CDE 30.03.00

Sumário

Introdução 7
Nada de novo... 9
Como se trajam os Espíritos... 37
Frédéric Chopin, na Espiritualidade 57
Nas regiões inferiores... 77
Mistificadores-obsessores 95
Romances mediúnicos 107
O amigo beletrista 133
Sutilezas da mediunidade 159
As virtudes do Consolador 181
Os grandes segredos do Além 197

Introdução

Apresentando estas páginas ao público, nada mais fazemos que obedecer às instruções da entidade espiritual Charles, amigo desvelado que há sido o anjo bom de nossa vida. Nenhum sentimento de vaidade animou o nosso lápis, quando traçávamos fatos ocorridos com nossa própria mediunidade, pois de longa data fôramos informados de que, se eles assim se desenrolaram, isso não significava privilégio à nossa pessoa, mas porque nossa faculdade a tanto se prestava, por predisposições particulares, no desdobrar natural de suas forças; e, ademais, para que viéssemos a público testemunhar, ainda uma vez, o que outros adeptos do Espiritismo testemunharam também, visto ser de interesse geral que se patenteiem sempre, por múltiplos sinais, os fatos que o Além-túmulo, desde tempos remotos, tem concedido aos homens. Quanto escrevemos aqui, existe nos códigos doutrinários espíritas. Não se trata, pois, de obra pessoal, mesmo porque o personalismo, se se infiltrar na Doutrina Espírita, acarretará a sua corrupção, como sucedeu ao próprio Cristianismo. Não apresentamos, tampouco, frutos da nossa escolha, porquanto as observações que aqui vêm anotadas foram selecionadas pelos instrutores espirituais, e nem sequer tivemos desejo de organizar o presente volume. Cumprimos ordem do Além, apenas, como instrumentação que fomos das intuições positivas de amigos espirituais como Charles, Bezerra de Menezes, Léon Denis, Inácio Bittencourt e Léon Tolstói, que nos assistiam durante a tarefa, levando-nos a compilar recordações de ocorrências passadas, que jaziam adormecidas, e indicando até mesmo os trechos das obras de Allan Kardec a citar, como tese, no cabeçalho de cada capítulo.

No entanto, se algo arrogamos, para nós próprios, é o direito de afirmar os fatos positivos apreciados no Invisível, aqui citados. Afirmamo-los, pois, com todas as nossas forças e convicções, porque os vimos, apresentados por nossos mentores espirituais, examinamo-los, apreciamo-los. E de tão longa data esses acontecimentos de além-túmulo se sucedem em nossa vida; e tão habituada nos achamos, no presente, à sua realidade, que o além-túmulo, para nós, deixou de ser uma sensação, para se tornar sequência diária da nossa vida... a tal ponto que, às vezes, confundimos os dois mundos, não lembrando, de momento, se tal ou qual acontecimento foi ocorrido aqui, na Terra, ou além, no Invisível; e muitas vezes acontece, outrossim, que amigos nossos, do Invisível, costumam ser confundidos, de imediato, com outros tantos da Terra...

Possam estas páginas despertar, no coração do leitor, o amor ao estudo, tão necessário, da Revelação Espírita; e que a observação e a análise se sucedam, de sua parte, ao ponto final das lições ventiladas.

Quanto a nós, continuaremos a fazer coro a um dos maiores devassadores do Invisível que a Terra conheceu – William Crookes –, quando afirmou:

"— Não digo que isto é possível; digo: isto é real!"

YVONNE A. PEREIRA
Rio de Janeiro (RJ), 13 de dezembro de 1962.

Nada de novo...

36. O vácuo absoluto existe em alguma parte no Espaço universal?

Não, não há o vácuo. O que te parece vazio está ocupado por matéria que te escapa aos sentidos e aos instrumentos.

(Allan Kardec. *O livro dos espíritos*, q. 36)

Adeptos há da Doutrina Espírita que rejeitam, até hoje, a versão ultimamente muito ventilada pelos Espíritos desencarnados, por meio de obras ditadas psicograficamente, de um mundo material, invisível aos olhos carnais, mundo esse vibrátil e intenso, no qual existirá, em estado aperfeiçoado, ampliado até a vertigem, muito do que na Terra existe. Respeitamos, certamente, a opinião dos refratários a essa revelação, visto que, se é dever de qualquer cidadão respeitar opiniões alheias, ao espírita, com muito maior razão, assistirá o dever de consideração à opinião do próximo, ainda quando antagônica ao seu modo de ver e pensar. Não seria, porém, ocioso raciocinarmos sobre ensinamentos particulares aos domínios da Doutrina Espírita, raciocínios que, se nenhum proveito trouxerem à instrução que nos cumpre dilatar diariamente, ao menos nos auxiliarão no aprendizado da meditação, exercitando-nos o pensamento para voos mais arrojados.

Estas páginas, como as demais que compõem o presente volume, não são frutos do nosso raciocínio pessoal, como o não são de nossas concepções doutrinárias, visto que temos o cuidado de jamais estabelecer concepções pessoais em assuntos de Espiritismo. Certos da nossa fragilidade, renunciamos bem cedo à vaidade das opiniões próprias, para nos achegarmos aos mestres e grandes vultos da Doutrina e junto deles buscar o ensinamento seguro, aceitando igualmente o que o Invisível espontaneamente nos revela, quando concorde com os ensinamentos básicos, revelações que, algumas vezes, têm contrariado mesmo as ideias que havíamos feito sobre mais de um assunto. Temos sido, portanto, tão somente um veículo transmissor das ideias e do noticiário do Espaço, e, mercê de Deus, empenhamo-nos esforçadamente em ser passiva aos dedicados amigos invisíveis, ao se valerem da nossa faculdade. E, por isso mesmo, o que aqui se afigura escrito por nossa pena mais não será do que o murmúrio das vozes de amigos espirituais que nos dirigem o cérebro e impulsionam o lápis, depois de haverem arrebatado o nosso Espírito a giros instrutivos pelo mundo invisível, as mais das vezes.

* * *

Desde o advento da Doutrina Espírita, os nobres habitantes do mundo espiritual que se têm comunicado com os homens, por intermédio de grande variedade de médiuns, afirmam ser a Terra um pálido reflexo do Espaço. *O livro dos médiuns*, de Allan Kardec, Segunda Parte, no belo capítulo VIII – "Do laboratório do mundo invisível" – é fecundo em explicações que oferecem base para estudos e conclusões muito profundas quanto à vertiginosa intensidade do plano invisível, a possibilidade de realizações, ali, por assim dizer, "materiais", que as entidades desencarnadas sempre afirmaram e que nos últimos tempos vêm confirmando com insistência e pormenores dignos de atenção. E no precioso compêndio *A gênese*, também de Allan Kardec, lemos o seguinte, no capítulo XIV, subtítulo "Ação dos Espíritos sobre os fluidos. Criações fluídicas. Fotografias do pensamento":

13. Os fluidos espirituais, que constituem um dos estados do fluido cósmico universal, são, a bem dizer, a atmosfera dos seres espirituais; o elemento donde eles tiram os materiais sobre que operam; o meio onde ocorrem os fenômenos especiais, perceptíveis à visão e à audição do Espírito, mas que escapam aos sentidos carnais, impressionáveis somente à matéria tangível; o meio onde se forma a luz peculiar ao mundo espiritual, diferente, pela causa e pelos efeitos, da luz ordinária; finalmente, o veículo do pensamento, como o ar o é do som.

14. Os Espíritos atuam sobre os fluidos espirituais, não manipulando-os como os homens manipulam os gases, mas empregando o pensamento e a vontade. Para os Espíritos, o pensamento e a vontade são o que é a mão para o homem. Pelo pensamento, eles imprimem àqueles fluidos tal ou qual direção, os aglomeram, combinam ou dispersam, organizam com eles conjuntos que apresentam uma aparência, uma forma, uma coloração determinadas; mudam-lhes as propriedades, como um químico muda a dos gases ou de outros corpos combinando-os segundo certas leis. É a grande oficina ou laboratório da vida espiritual. (Grifo nosso.)

E, no item 3, desse mesmo capítulo, encontraremos:

3. No estado de eterização, o fluido cósmico não é uniforme; sem deixar de ser etéreo, sofre modificações tão variadas em gênero e mais numerosas talvez do que no estado de matéria tangível. Essas modificações constituem fluidos distintos que, embora procedentes do mesmo princípio, são dotados de propriedades especiais e dão lugar aos fenômenos peculiares ao mundo invisível.

Dentro da relatividade de tudo, esses fluidos têm para os Espíritos, que também são fluídicos, uma aparência tão material, quanto a dos objetos tangíveis para os encarnados e são, para eles, o que são para nós as substâncias do mundo terrestre. Eles os elaboram e combinam para produzirem determinados efeitos, como fazem os homens com os seus materiais, ainda que por processos diferentes.

Os próprios Espíritos ditos sofredores, até mesmo os criminosos, que se costumam apresentar em bem dirigidas sessões práticas, narram acontecimentos reais, positivos, que no Invisível se sucedem, um modo de viver e de agir, no Espaço, muito distanciado daquele estado vago, indefinível, inexpressivo, que muitos entendem seja o único verdadeiro, quando a Revelação propala, desde o início, *um mundo de vida intensa, mundo real e de realidades*, onde o trabalho se desdobra ao infinito e as realizações não conhecem ocasos. Nas entrelinhas de grandes e conceituadas obras doutrinárias, existem claras alusões a sociedades, ou "colônias", organizadas no além-túmulo, onde avultam *cidades, casas, palácios, jardins* etc., etc. Na erudita e encantadora obra *Depois da morte*, do eminente colaborador de Allan Kardec, Léon Denis, o qual, como sabemos, além de primoroso escritor, foi um grande inspirado pelos Espíritos de escol, no capítulo XXXV, a exposição dessa tese não somente é fecunda e expressiva, como também mesclada de grande beleza, como tudo o que passou por aquele cérebro e aquela pena. Diz Léon Denis:

O Espírito, pelo poder de sua vontade, opera sobre os fluidos do espaço, os combina, dispondo-os a seu gosto, dá-lhes as cores e as formas que convêm ao seu fim. É por meio desses fluidos que se executam obras que desafiam toda comparação e toda análise. Construções aéreas, de cores brilhantes, de zimbórios resplendentes: sítios imensos onde se reúnem em conselho os delegados do Universo; templos de vastas proporções de onde se elevam acordes de uma harmonia divina; quadros variados, luminosos: reproduções de vidas humanas, vidas de fé e de sacrifício, apostolados dolorosos, dramas do infinito.[1] Como descrever magnificências que os próprios Espíritos se declaram impotentes para exprimir no vocabulário humano?

É nessas moradas fluídicas que se ostentam as pompas das festas espirituais. Os Espíritos puros, ofuscantes de luz, agrupam-se em famílias. Seu brilho e as cores variadas de seus invólucros permitem medir a sua elevação, determinar-lhes os atributos. (Grifos nossos.)

E ainda outros trechos desse belo volume trazem informações a respeito do assunto, bastando que o leiamos com a devida atenção, bem assim vários capítulos de outra obra sua – *O problema do ser, do destino e da dor*.

Em outro magnífico livro do grande Denis – *No invisível* –, no capítulo XXVI, há também este pequeno trecho, profundo, complexo, sugestivo, descortinando afirmações grandiosas:

Dante (Alighieri) é um médium incomparável. Sua A divina comédia é uma peregrinação através dos mundos invisíveis. Ozanam, o principal autor católico que já analisou essa obra genial, reconhece que o seu plano é calcado nas grandes linhas da iniciação nos mistérios antigos, cujo princípio, como é sabido, era a comunhão com o oculto. (Grifos nossos.)

Assim se expressa o grande inspirado Léon Denis, em suas obras, e, se mais não transcrevemos aqui, será por economia de espaço, que precisaremos atender. Do exposto, no entanto, deduziremos que *A divina comédia* não apresenta tão somente fantasias, como imaginaram

---

[1] N.E.: São essas *reproduções de vidas humanas* que os instrutores espirituais dão a ver aos médiuns, no Espaço, durante o sono letárgico, ou desdobramento, e dos quais se originam os romances mediúnicos, sempre tão atraentes. Vede capítulo VI.

os próprios eruditos, mas ocorrências reais do além-túmulo, que o poeta visionário mesclou de divagações, talvez propositadamente, numa época de incompreensões e preconceitos ainda mais intransigentes que os verificados em nossos dias.²

Os preciosos volumes escritos pelo sábio psiquista³ italiano Ernesto Bozzano, produto de severa análise científica, são férteis em apontar esses mesmos locais do Invisível, revelados por Espíritos desencarnados de adiantamento moral-espiritual normal, cujas comunicações, psicografadas por vários médiuns desconhecidos uns dos outros, alguns até completamente alheios ao Espiritismo, foram examinadas e cientificamente analisadas por aquele ilustre autor. Ser-nos-á impossível transcrever, aqui, muitos trechos de Bozzano a respeito, visto que em suas obras encontramos fartas observações a respeito da tese em apreço. Limitar-nos-emos a citar alguns trechos do interessante livro *A crise da morte*, no qual substancioso noticiário encontraremos sobre o assunto, além de alguns "detalhes fundamentais" da sua análise sobre comunicações com Espíritos desencarnados. Assim é que, no "Décimo quarto caso", analisando uma das comunicações inseridas no mesmo volume, Bozzano observa que

> *[...] a paisagem "astral" se compõe de duas séries de objetivações do pensamento, bem distinta uma da outra. A primeira é permanente e imutável, por ser a objetivação do pensamento e da vontade de entidades espirituais muito elevadas, prepostas ao governo das esferas espirituais inferiores; a outra é, ao contrário, transitória e muito mutável; seria a objetivação do pensamento e da vontade de cada entidade desencarnada, criadora do seu próprio meio imediato.⁴ (Grifo nosso.)*

---

² N.E.: Dante Alighieri – ilustre poeta e pensador italiano, nascido em 1265 e falecido em 1321, autor do poema épico *A divina comédia*, considerado "uma das mais altas concepções do espírito humano". Esse poema contém as ideias e a filosofia da Idade Média e se divide em três pontos: o Inferno, o Purgatório e o Paraíso, e figura uma viagem do poeta ao mundo invisível. Pode-se acrescentar que essa obra imortal criou a poesia e a linguagem italianas.

³ N.E.: Pessoa que estuda Psiquismo.

⁴ Nota da médium: Certa vez, durante um transporte em corpo astral, tivemos ocasião de visitar,

Ainda na referida obra, nas "Conclusões" relativas ao último caso, leremos o seguinte, nos detalhes fundamentais:

> 6º) *Terem-se achado [os Espíritos recém-desencarnados] num meio espiritual radioso e maravilhoso (no caso de mortos moralmente normais), e num meio tenebroso e opressivo (no caso de mortos moralmente depravados);*
>
> 7º) *Terem reconhecido que o meio espiritual era um novo mundo objetivo, substancial, real, análogo ao meio terrestre espiritualizado;*
>
> 8º) *Haverem aprendido que isso era devido ao fato de que, no mundo espiritual, o pensamento constitui uma força criadora, por meio da qual todo Espírito existente no "plano astral" pode reproduzir em torno de si o meio de suas recordações;*
>
> [...]
>
> 12º) *Terem aprendido que os Espíritos dos mortos gravitam fatalmente e automaticamente para a esfera espiritual que lhes convêm, por virtude da "lei de afinidade". (Grifo nosso.)*

---

no Espaço, conduzida pelo Espírito de nossa mãe, uma tia falecida havia três anos, Sra. Ernestina Ferraz, de quem fôramos muito amigos e de quem recebêramos, sempre, muitas provas de dedicação e ternura maternal, sobre a Terra. Recebeu-nos em "um meio imediato", segundo as expressões de Bozzano, criado por ela própria, pois havia um salão de visitas idêntico ao de sua antiga residência terrena, com o velho piano de carvalho que fora seu (ou a sua reprodução fluídica), e que, presentemente, se encontra em nosso poder. Aberto, com a partitura no local devido, o piano fluídico era dedilhado por sua irmã caçula, Luísa, também já falecida, a qual ela própria educara, inclusive ensinando-lhe música. Tal a realidade da criação que, talvez perturbada com a situação frisante, exclamamos, algo vexados:
— Oh, titia! O seu piano está necessitado de um reparo... está desafinado... mas prometo que o mandarei consertar...
E ela, prontamente:
— Não te incomodes, minha filha, com *este* meu piano...
Presentemente, o piano, devidamente conservado, é mantido como recordação da boa amiga que tanto nos serviu.

E ponderamos nós: Se os Espíritos dos mortos fatalmente e automaticamente gravitam para a esfera espiritual que lhes convêm, é que tais esferas existiam mesmo antes de eles para lá gravitarem, criadas, certamente, por outros Espíritos, com os quais passarão a colaborar, na medida das próprias forças. Com efeito, nos detalhes secundários, do mesmo caso, Bozzano analisa:

> 4º) Acham-se de acordo [as almas dos mortos] em afirmar que, embora os Espíritos tenham a faculdade de criar mais ou menos bem, pela força do pensamento, o que lhes seja necessário, todavia, quando se trata de obras complexas e importantes, a tarefa é confiada a grupos de Espíritos que nisso se especializaram.

Dentre as comunicações analisadas por Bozzano, ressaltaremos as concedidas pelo Espírito do inesquecível artista cinematográfico Rodolfo Valentino, falecido em agosto de 1926, à sua esposa Natacha Rambova, nas sessões realizadas em Nice, na França, e consideradas cientificamente muito importantes, nas quais são citados pormenores desse mundo espiritual, e que muito edificam os estudiosos. Não nos furtaremos ao prazer de oferecer ao leitor um substancioso trecho das mesmas comunicações. Assim se expressa o Espírito do célebre "astro", por intermédio da psicografia do médium norte-americano, Jorge Benjamim Wehner, dirigindo-se à sua esposa:

> Aqui, tudo o que existe parece constituído em virtude das diferentes modalidades pelas quais se manifesta a força do pensamento. Afirmam-me que a substância sobre que se exerce a força do pensamento é, na realidade, mais sólida e mais durável do que as pedras e os metais no meio terrestre. Muitas dificuldades encontrais, naturalmente, para conceber semelhante coisa, que, parece, não se concilia com a ideia que se pode formar das modalidades em que devera manifestar-se a força do pensamento. Eu, por minha parte, imaginava tratar-se de criações formadas de uma matéria vaporosa; elas, porém, são, ao contrário, mais sólidas e revestidas de cores mais vivas,

do que o são os objetos sólidos e coloridos do meio terrestre... As habitações são construídas por Espíritos que se especializaram em modelar, pela força do pensamento, essa matéria espiritual. Eles as constroem sempre tais como as desejam os Espíritos, pois que tomam às subconsciências destes últimos os gabaritos mentais de seus desejos. (Grifos nossos.)

Um livro ainda mais antigo do que as obras de Bozzano – *A vida além do véu* – obtido também mediunicamente pelo pastor protestante Rev. G. Vale Owen, tornou-se célebre no assunto, pois que o Espírito da genitora do próprio médium narra ao filho, em comunicações periódicas, *as mesmas construções fluídicas do mundo espiritual*, isto é, jardins, estradas pitorescas, habitações, cidades etc. Semelhante médium é, certamente, insuspeito, visto que, como protestante, seriam bem outras as ideias que alimentaria quanto à vida espiritual. Tais comunicações, em sua maioria, datam do ano de 1913. Convém deliciarmos, ainda, as nossas almas com alguns pequenos trechos de tão interessante livro:

— *Pode agora fazer-me o favor de descrever sua casa, paisagens etc.? – pergunta o Rev. Vale Owen ao Espírito de sua mãe.*

E este responde:

É a Terra aperfeiçoada. Certo, o que chamais quarta dimensão, até certo ponto, existe aqui, mas não podemos descrevê-la claramente. Nós temos montes, rios, belas florestas, e muitas casas; tudo foi preparado pelos que nos precederam.

Trabalhamos, atualmente, por nossa vez, construindo e regulando tudo para os que, ainda durante algum tempo, têm que continuar a sua luta na Terra. Quando eles vierem, encontrarão tudo pronto e preparado para recebê-los. (cap. I – "As regiões inferiores do Céu")

* * *

O tecido e a cor do nosso vestuário tomam a sua qualidade do estado espiritual e do caráter de quem o usa. O nosso ambiente é parte de nós mesmos e a luz é um importante componente do nosso ambiente. Entretanto, é de poderosa aplicação, debaixo de certas condições, como podemos ver naqueles salões. (cap. II – "Cenas mais brilhantes".) (Grifo nosso.)

* * *

Não teriam que ser demolidas [as edificações], para aproveitar-se depois o material em nova reconstrução. Seria ele aproveitado com o prédio em pé. O tempo não tem ação de espécie alguma sobre as nossas edificações. Elas não se desfazem nem se arruínam. Sua durabilidade depende apenas da vontade dos donos, e, enquanto eles quiserem, o edifício ficará de pé, podendo ser alterado ou modificado consoante seus desejos. (cap. II – "Cenas mais brilhantes".)

* * *

[...] porque estas esferas são espirituais, e não materiais". (cap. VI – "Comunicações de Astriel".) (Grifo nosso.)

E o livro todo assim prossegue, em revelações belas e simples, lógicas e edificantes, o que confirma o noticiário de muitos médiuns, que também chegam a verificar tais realidades do mundo invisível durante seus desdobramentos em espírito.

No entanto, não é só. Um livro encantador, *No limiar do etéreo*, publicado em 1931, de autoria do ilustre Dr. J. Arthur Findlay, pesquisador dos fenômenos espíritas na erudita Inglaterra, que tantos excelentes investigadores do Psiquismo concedeu ao mundo, conta, no capítulo X – "Noites de instrução" –, o diálogo mantido, durante uma sessão íntima com o célebre médium Sloan, com um Espírito que lhe respondia por meio do fenômeno da voz direta, e do qual destacamos os seguintes trechos:

P. — *Poderá dizer-me algo com relação ao vosso mundo?*

R. — *Todos os que estão num mesmo plano podem, como já disse, ver e tocar as mesmas coisas. Se olhamos para um campo, é um campo o que todos vemos. Cada coisa é a mesma para os que se acham nas mesmas condições de desenvolvimento mental. Não é um sonho. Tudo é real para nós outros. Podemos sentar-nos juntos e gozar da companhia uns dos outros, precisamente como fazeis na Terra. Temos livros e podemos lê-los. Temos as mesmas sensações que vós. Podemos dar longos passeios por uma região e encontrar um amigo a quem não víamos desde muito tempo. Das flores e dos campos aspiramos os aromas, como vós aí. Apanhamos flores, como o fazeis. Tudo é tangível, porém, num grau mais alto de beleza do que tudo na Terra. [...]*

P. — *Assemelha-se à nossa a vossa vegetação?*

R. — *De certo modo, mas é muito mais linda.*

[...]

P. — *Como são as vossas casas?*

R. — *São quais as queremos. As vossas aí são primeiro concebidas em mente, depois do que se junta a matéria física para construí-las de acordo com o que imaginastes. Aqui, temos o poder de moldar a substância etérea, conforme pensamos. Assim, também as nossas casas são produtos das nossas mentes. Pensamos e construímos. É uma questão de vibração do pensamento e, enquanto mantivermos essas vibrações, conservaremos o objeto que, durante todo esse tempo, é objetivo para os nossos sentidos.*

Tão explicativo esse capítulo X de *No limiar do etéreo*, que temos pesar de não ser possível transcrever mais alguns trechos para as nossas páginas, os quais, acreditamos, edificariam os leitores, se se tornassem conhecidos. Também os livros recebidos pela médium Zilda Gama, ditados pelo Espírito Victor Hugo, num total de cinco boas obras, referem os mesmos noticiários, não obstante o fazerem mui discretamente, destacando-se, dentre todos, um que já se tornou célebre, porque editado em Esperanto pela FEB (tradução do Prof. Porto Carreiro Neto) e correndo o mundo inteiro: *Na sombra e na luz*.

Não relataremos aqui, por muito conhecidas dos leitores, as obras ditadas pela entidade desencarnada André Luiz, e tampouco *Memórias de um suicida*, no qual o assunto é pormenorizado com as maiores franquezas. Fica ao leitor o cuidado de estudar, portanto, as obras básicas, em geral, e as comunicações isoladas, mesmo as provenientes de entidades sofredoras, com atenção e amor, meditando e refletindo sobre tudo, sem espírito de prevenção, porque nas suas entrelinhas e nos seus detalhes encontrará referências positivas sobre o interessante assunto. E vale, ainda, declarar que não deveremos julgar sejam tais revelações realidades existentes em outros planetas. Não! Os termos dos Espíritos são categóricos: *trata-se de esferas fluídicas do mundo invisível*. Ao contrário, aos médiuns inclinados a acreditarem que aquelas descrições traduziriam a vida em diferentes planetas, os próprios Espíritos instrutores advertiram, chamando-lhes a atenção para o fato de que *não se tratava de planetas materiais, e sim do mundo espiritual*, a verdadeira pátria do Espírito.

Costumam alegar, os contraditores, que as obras ditadas mediunicamente, contendo tais conceitos, seriam mistificações (o eterno recurso, ou o escudo de que se servem aqueles que se sentem contrariados, sempre que assuntos novos e, sobretudo, inéditos, são apresentados), ou "fantasias do cérebro de médiuns ignorantes", como se expressam alguns, em oratórias entusiastas. Lembraremos, porém, que as obras de Léon Denis estão recheadas dessas informações, e Léon Denis, o grande continuador de Kardec, foi um filósofo, um escritor grandemente inspirado pelas forças superiores do Alto, e não um ignorante; que Ernesto Bozzano afirmou, cientificamente, a mesma coisa, após suas admiráveis análises, e Bozzano era um sábio, dos mais ilustres psiquistas do século XX; que o Rev. Vale Owen, obtendo do Espírito de sua veneranda mãe as mesmas revelações, não poderia ser um "médium ignorante", cujo cérebro criasse extravagâncias, porque, como pastor protestante inglês, teria curso brilhante de algum seminário e nem seria espírita; que o Sr. J. Arthur Findlay era um cérebro vigilante, eminente e idôneo perquiridor do Psiquismo experimental, escritor e intelectual de renome, não podendo, portanto, ser tachado de ignorante; que Zilda Gama, em cujas obras encontramos as mesmas revelações, conquanto mais discretas, é uma professora assaz culta, e não uma "médium ignorante"; que Francisco Cândido Xavier não é douto, mas tem dado a público livros de valor incontestável, que honrariam a memória de muitos doutos, se estes pudessem escrever coisas semelhantes; e os dois Espíritos – Emmanuel e André Luiz – que a esse médium ditam as obras, têm dado testemunhos de muita lucidez e sabedoria, abordando teses variadas, sempre analisadas por pessoas cultas e muito capazes, para serem tachados de mistificadores... E que os próprios livros de Allan Kardec, oferecendo, à farta, base para todas essas revelações e noticiários, conforme citamos linhas atrás, jamais foram considerados frutos de mistificações...

De outro modo, se um médium que ama a Doutrina Espírita e por ela se sacrifica, sem outro interesse senão o de servi-la; que a tudo no mundo renuncia, a fim de conservar sua independência, para melhor se dedicar aos deveres que ela impõe, até mesmo as mais santas aspirações do coração; se um médium que moralmente se renova para Deus, por meio das mais duras provações e humilhações diárias, sofrendo ataques de adversários até no seio da própria Doutrina e padecendo, não raro, perseguições e vitupérios dentro do próprio lar; se um médium, que morreu para si mesmo, a fim de melhor ressurgir para Deus e tornar-se digno de se comunicar com os Espíritos iluminados, no intuito de bem servir ao próximo e à Causa, não obtiver do seu Mestre Jesus Cristo e dos bons Espíritos, a quem procurou honrar, senão mistificações de tal vulto, será melhor a todos os adeptos do Espiritismo fechar os códigos da Doutrina e cuidar de vida nova! Atribuir as revelações sobre as realidades do mundo invisível a mistificações de entidades inferiores é desconhecer que, presidindo ao movimento do Consolador neste mundo – como tão bem esclareceu Allan Kardec – há um Espírito celeste, a quem o Criador outorgou direitos sacrossantos sobre a Terra, o qual não seria capaz de consentir, certamente, que essa Humanidade, pela qual Ele próprio se imolou em suplício numa cruz, fosse tão grosseiramente iludida por tanta gente, deste e do outro mundo, quando, afinal de contas, o Consolador, em si mesmo, é fruto tão só da mediunidade.

Prosseguiremos, portanto, visto que o tema é profundo, prestando-se a desdobramentos.

* * *

Quem, dentre nós, já assistiu aos últimos momentos de um moribundo poderá, muitas vezes, observar os fatos aqui ventilados. O decesso de uma criatura que retorna à verdadeira pátria – a espiritual –, tais sejam as circunstâncias, oferece lições tão elucidativas quanto comoventes e belas. Durante o nosso longo trabalho de assistência a enfermos e moribundos, tivemos ocasião para as mais edificantes observações. Os tuberculosos, principalmente, que comumente expiram em plena consciência dos seus últimos momentos sobre a Terra, apresentam vasto cabedal para estudo.

Durante o período da agonia, eles como que desmaiam. Será o chamado estado de coma. Um tênue fio fluídico os prende, ainda, ao fardo material que vai ser abandonado. Foge-lhes a pulsação mantenedora da vida orgânica. Palidez impressionante recobre suas feições, que descaem e se enrijecem. As pálpebras cerradas encobrem os olhos, que as nuanças da morte já velaram de um embaciamento significativo, mas suores abundantes e fugitivo pulsar do coração avisam que não foi ainda de todo libertada a pobre alma cativa naquele corpo. Ali estão, porém, à beira do leito mortuário, a mãe angustiada, o pai acabrunhado, a esposa lacrimosa, o filho inconsolável... Um choro violento, um brado de dor pungente, a grita atormentada dos que ficam, sem poderem reter o ser amado que se vai, quebra o silêncio augusto que deve presidir à cena patética de uma alma que entrou em trabalho de libertação para a verdadeira vida. Então, o agonizante, a custo, descerra as pálpebras. Volta-lhe a pulsação, volta-lhe até mesmo a palavra. Um impulso de vontade e apego aos que lhe foram caros ao coração fá-lo reviver, por instantes, num corpo que se achava quase definitivamente abandonado. Com voz sussurrante, débil, balbucia:

— Oh! por que me chamaram?... Eu estava tão bem... em um lugar tão belo!...

Foram as frases que pronunciou, certa vez, uma jovem agonizante de 18 primaveras, a cuja cabeceira nos postávamos em prece, quando sua mãe, inconsolável, e as irmãs se debulhavam em pranto desesperado... Ouvindo-a, perguntávamos-lhe baixinho, enquanto rogávamos a assistência dos seus tutelares, para que a ajudassem a desprender-se dos pesados liames carnais:[5]

— Em que lugar te encontravas, minha filha?... Como era esse local?

Ela respondeu naturalmente, como se não fora uma agonizante:

— Ah! era um jardim, delicioso e fresco... Cheio de flores lindas e perfumosas... como nunca havia visto iguais... Um luar azul coloria-o todo...

— Viste alguém?

---

[5] N.E.: Srta. Aldacira Figueiras, falecida na cidade de Barra do Piraí, estado do Rio de Janeiro, no ano de 1942, filha do Sr. Sebastião Figueiras, antigo comandante da Força Pública local, também já falecido.

— Sim... Umas sombras vaporosas me rodeavam...

— Quem eram?

— Não pude reconhecê-las... eu dormitava... estou com tanto sono...

— Estavas sentada, caminhavas?

— Não, estava deitada, assim... sobre a relva dos canteiros... É um jardim tão lindo... estou tão cansada...

Cerrou novamente os olhos e silenciou. Alguns minutos depois, expirava serena e docemente, sob nossas preces, sem que ninguém mais da família se animasse a perturbá-la na sua consoladora paz.

Na década de 1930, as revelações sobre as realidades do mundo espiritual já eram conhecidas dos adeptos mais estudiosos da Doutrina Espírita, visto que elas foram concedidas aos homens, como vimos, desde muito. André Luiz, porém, a eminente Entidade espiritual que tão substanciosos esclarecimentos nos vem ministrando por intermédio da mediunidade de Francisco Cândido Xavier, não aparecera ainda com as minudências explicativas da vida em além-túmulo. Guardávamos, pois, desencorajados de apresentá-las a público, três das nossas obras já hoje editadas,[6] e isso em virtude de, na época em que foram as mesmas psicografadas, conhecermos poucos livros doutrinários, não tendo ainda meditado satisfatoriamente nem mesmo sobre as obras de Allan Kardec, como posteriormente os próprios instrutores espirituais nos levaram a fazer. Receávamos que as revelações nelas contidas fossem fruto de lamentável engano, e nos detínhamos, conservando as ditas obras no esquecimento, mas desencorajados de destruí-las. Também nós acreditávamos a vida espiritual abstrata, indefinível, e quando nosso Espírito era arrebatado, constatando a vida intensa dos planos espirituais, e suas belezas ambien-

---

[6] N.E.: *Nas telas do infinito*, *Memórias de um suicida* e *Amor e ódio*.

tes, supúnhamos haver gravitado para um planeta melhor, um mundo material, tais como Saturno, Júpiter ou outro qualquer, ignorando, pela época, quão difícil é isso, tanto para um encarnado como para um desencarnado, não obstante as suposições em contrário. Nossos amigos espirituais, porém, corrigiam nosso entusiasmo interplanetário, se assim nos podemos expressar, e diziam, sem serem por nós acatados em tais asserções durante muito tempo:

— Não se trata de ambientes planetários... São realizações fluídicas do próprio Espaço... Não saíste dos ambientes terrenos... Procura aprender... Estuda, estuda...

Ora, no mês de julho de 1935, esposando nós ainda a mesma ideia, de que visitávamos outros planetas durante o fenômeno do desdobramento espiritual, tivemos a mão subitamente acionada pelo Espírito daquele que fora o nosso pai terreno, antigo médium de boas faculdades curadoras, mas cuja instrução doutrinária não passara da leitura de *O livro dos espíritos* e de *O evangelho segundo o espiritismo*, ambos de Allan Kardec. Havia ele falecido a 25 de janeiro do mesmo ano, e era a primeira vez que se comunicava mais demoradamente, tudo indicando que assim fazia no intuito de esclarecer justamente aquilo em que nos reconhecia equivocados. Dizia ele, psicograficamente, descrevendo as impressões vividas durante a rápida agonia que teve, e depois as estranhezas no além-túmulo:

— ...Acabei por perder mesmo os sentidos ou adormecer, não sei ao certo... e não pude ver mais nada... Quando despertei já não me encontrava deitado em meu leito, o que me surpreendeu, pois não me lembrava de tê-lo abandonado antes. Fui despertando com lentidão. Eu ouvia e percebia muita coisa, mas confusamente, e não me podia mexer nem abrir os olhos, e sentia frio. Parecia antes um entorpecimento, que se desfizesse aos poucos, em vez do despertar de um sono, o estado em que me encontrava. Sentia-me sentado em uma cadeira de balanço e compreendia que fora transportado para local muito aprazível, fresco, ameno. O dia estava lindíssimo, com um céu muito claro, Sol faiscante, e suave brisa baloiçava uns galhos de flores trepadeiras, que eu vagamente percebia junto de mim, os quais cheiravam muito agradavelmente, pois me encontrava em uma espécie de varanda orlada de trepadeiras floridas, em uma casa igualmente aprazível, mas desconhecida para mim. Fazia muito silêncio e eu me encontrava só. O único rumor partia do orquestrar longínquo de uns pássaros, verdadeira melodia que ressoava aos meus ouvidos com delicadeza e ternura.[7] A princípio, imaginei encontrar-me em casa de minha cunhada Ernestina, onde havia também uma varanda e pássaros cantadores presos em gaiolas. Posteriormente, porém, verifiquei tratar-se de uma residência fluídica de além-túmulo, onde morava minha mãe e onde eu próprio iria residir como desencarnado...

Mais adiante, continuava a narrativa, recordando as primeiras impressões de recém-liberto:

— Não compreendia bem o que se passava. Espreguicei-me muito, pois sentia os órgãos (do perispírito) meio entorpecidos. Bocejei e tossi com estrondo, como habitualmente fazia, e fumei um cigarro.[8] O dia era tão lindo, com a atmosfera mesclada de azul, que me levantei reanimado, e debrucei-me à varanda, a fim de apreciar a paisagem. Sentia-me bem de saúde, nenhum mal-estar físico me importunava. Procurei ver os pássaros, que continuavam a cantar, mas não consegui avistá-los. Aspirei os perfumes das flores trepadeiras e pus-me a assoviar minhas melodias preferidas. Sentia-me satisfeito e não pensava absolutamente nada. Dir-se-ia que minha mente repousava. Li, depois, um jornal, ali mesmo, na varanda, e tomei uma xícara de café, como de hábito. Penso que me encontrava assaz abstraído, pois não percebi quem me servira o café e me obsequiara com o jornal... Resolvi, então, fazer um passeio, o que havia muito não me era permitido; mas, subitamente, lembrei-me de que não deveria fazê-lo, porque me encontrava debilitado, doente... Pus-me a relembrar de tudo o que se passara comigo mesmo, nos últimos tempos, e a

---

[7] N.E.: A Entidade comunicante amava os pássaros e costumava deter-se longo tempo a ouvir o cântico dos canários que possuía, quando encarnada.

[8] N.E.: Vede *O livro dos médiuns*, cap. VIII – "Do laboratório do mundo invisível."

confusão estabeleceu-se... e terminei desconfiando que algo irremediável, mas muito importante, adviera em minha vida... A morte é tão simples, tão pouco diferente da vida, que opera essa confusão... Em geral se espera encontrar, depois da morte, coisas fantásticas, imaginárias, impossíveis e pouco lógicas, ao passo que, em verdade, o além-túmulo nada mais é que a continuação da vida que deixamos... Pelo menos, assim o foi para mim. O senso da responsabilidade, o exame angustioso dos deméritos, assim como o reconforto do dever que se observou, somente advêm mais tarde...

Alongam-se os detalhes, narrando a presença de entidades amigas, que de início não reconheceu, e conclui:

— Então, surpreendido, vi mamãe aproximar-se de mim, caminhando ao longo da varanda. Trajava longo vestido branco e achei-a bonita e rejuvenescida, tal como na época em que enviuvara, isto é, nos seus 25 anos. Curvou-se afetadamente diante de mim, para cumprimentar, como se desejasse brincar, e exclamou risonha: "Louvado seja Deus, meu filho! Que boa surpresa, você poder vir para junto de sua mãe!..." Somente então, caindo em mim, recebi um como choque de espanto, como quem despertasse de um marasmo mental, e compreendi o que se passava. Em rápido rememorar, deslizou à minha imaginação tudo quanto ocorrera, tal se uma faixa luminosa reproduzisse diante dos meus olhos as cenas que eu necessitava ver para meu esclarecimento: meu corpo inerte dentro de um caixão mortuário, vocês chorando por mim, meu enterro humilde e pobre, e minha sepultura coberta de flores ainda frescas. Havia três dias que se dera o decesso. Então, eu chorei também, comovido e amedrontado...

"... O lugar em que vivo é uma pequena 'cidade' pobre, mas pitoresca. Muito aprazível, sossegada, indicada para a convalescença daqueles que, como eu, atravessaram uma existência de penúrias e provações, e convidativa para a meditação e a reorganização das ideias para as futuras tentativas espirituais e terrenas. Há, aqui, jardins, lagos e rios muito belos e muito azuis, como refletindo o céu, tal como os daí. Tenho observado, no entanto, que nem os rios nem os lagos serão propriamente formados pela água, como aí. Dir-se-ia tratar-se de gases singulares, de líquidos fluidificados que imitariam ou equivaleriam às águas terrenas. Silêncio constante, só quebrado pelo cântico de mil pássaros, que não se deixam ver. Como ainda não trabalho, pois sou convalescente de uma existência de sofrimentos e amarguras intensas, faço passeios e admiro as belezas do ambiente, o qual, não obstante modesto, é o que de mais agradável eu poderia aspirar. É uma coisa tão linda e singular que me faltam palavras para descrevê-la... Não pensei, quando 'vivo', pudesse alguém residir em local assim, depois de desencarnado, e ainda não compreendi bem como pode ser tudo isso... Mas o Dr. Carlos[9] diz que farei um estudo sobre todos esses assuntos e os compreenderei integralmente, muito em breve, porquanto este ambiente em que vivo é espiritual, e não planetário..."

Presentemente, esse Espírito, que em 1935 assim se expressava, encontra-se internado em um "Reformatório" do Invisível, para fazer um curso, ou aprendizado, de cuja natureza não fomos informados, mas tendo em vista uma próxima encarnação, em que grandes responsabilidades lhe caberão.

Um raciocínio sereno, ponderado, isento de prevenções levar-nos-á a concluir, por tudo isso, que o mundo invisível não poderia, mesmo, ser uma abstração, o vácuo onde nada existisse, pois semelhante hipótese seria a negação do próprio Poder divino, seria quase o "nada" dos negativistas, depois da morte. A própria qualificação "mundo invisível" está a indicar que algo existe, sim, mas que os olhos carnais do homem são impotentes para contemplar. De outro modo, declarando os Espíritos esclarecidos, como sempre o fizeram, que a vida de além-túmulo é intensíssima, real; que lá as entidades desencarnadas (e até as encarnadas, com especialidade as almas aplicadas a um desejo de progresso mais rápido ou a um ideal a favor da Humanidade) fazem aprendizados, estudos variados, realizam tarefas e missões acerca de causas nobres e a bem do próximo; que existem regiões no Espaço (esferas)[10] interditadas

---

[9] Nota da médium: A entidade espiritual Charles, Espírito-guia da família.
[10] N.E.: *O livro dos espíritos,* q. 87 e 402.

a entidades inferiores, pontos onde se aglomeram Espíritos de sábios, e ainda outros onde se reúnem artistas etc., necessariamente estarão afirmando, em essência, que na vida espiritual existirá tudo o que necessitaremos para a realização dos mesmos aprendizados, estudos, tarefas e missões. E se tudo isso existe, por que não existirão as demais realidades que vêm sendo reveladas desde sempre?... Ao demais, todos os Espíritos que se referem à vida do Além asseveram não encontrar palavras bastante expressivas para descreverem não só a intensidade, como a harmonia e a beleza do mundo espiritual. Suas palavras, as descrições que fazem desses locais, ou criações do Invisível, e que dão a ver aos médiuns, estes só poderão transmitir empalidecidas pelo constrangimento da palavra humana, tão pobre e imperfeita que até mesmo as regiões mais simples do plano astral não são descritas a contento.

Para transmitirem o que até hoje há sido trazido às criaturas pelos guias espirituais, é-lhes necessário criar imagens para os médiuns, imagens estas subordinadas ao grau de concepção e poder assimilativo dos mesmos, o que obrigará à própria faculdade mediúnica uma operação mental, um jogo de tradução, se de tal expressão nos poderemos servir, que nem sempre reproduzirá com fidedignidade as informações e os esclarecimentos que o Espírito comunicante pretende prestar. Ainda assim, para que tais coisas se façam, verdadeiras torturas serão necessárias ao médium e ao seu instrutor espiritual. Em primeiro lugar, o médium deverá redobrar esforços no sentido de renovar-se, moral e mentalmente, durante o período de adestramento das faculdades, a fim de, na época oportuna, conseguir fácil intercâmbio com a Espiritualidade mais alta, comunhão que terá de ser constante, permanente, por meio dos atos cotidianos, e não somente às horas de trabalho objetivo, de modo a que a permuta de vibrações o prepare satisfatoriamente para o melindroso ministério e o conserve unido a seus dedicados mentores espirituais.

Tal como esclarecem os códigos da Doutrina Espírita e a prática da mediunidade confirma, suas vibrações, suas faculdades em geral, no momento do intercâmbio mediúnico, terão de ser potenciadas ao máximo que sua natureza física, psíquica e mental suportarem, o que para ele equivalerá a uma operação transcendental algo torturante, enquanto a entidade instrutora comunicante deverá rebaixar suas próprias vibrações e demais faculdades, até equipará-las, ou harmonizá-las, com as do médium, o que, igualmente, para aquela entidade, será como tortura e uma abnegação dignas do nosso respeito e da nossa veneração. Em tais ocasiões, o médium poderá entrever o mundo invisível. Frequentemente ele o percebe... e o que aí enxerga ou apreende não consegue explicar integralmente, porquanto não dispõe o cérebro humano dos necessários recursos para uma transmissão perfeita. Durante suas fugas em corpo astral, pelo Espaço afora, o que ele vê e presencia, com seus guias, não é, de forma alguma, um aglomerado de sombras, o vácuo ou o invisível inexpressivo.[11] É, sim, uma vida intensa, real, ativa, superior, espiritualizada, na qual o que existe é superlativamente melhor e mais belo do que o existente na Terra, referência feita aos planos felizes do mesmo Invisível. Está acima de tudo quanto o seu cérebro pudesse inventar, pois não percamos de vista o fato de que, geralmente, os médiuns não têm cultura intelectual tão sólida para poderem criar, por si mesmos, assuntos dos quais, às vezes, jamais ouviram falar, senão vasto cabedal psíquico armazenado, em sua subconsciência, desde passadas existências, fáceis de seus guias-instrutores acionarem, a fim de poderem transmitir, ou compreender, o que veem.

De tudo quanto a respeito observamos, e do que a Revelação Espírita nos participa, chegaremos, pois, às conclusões seguintes, as quais,

---

[11] N.E.: Em muitas reuniões de experimentação, é frequente o médium que obtém a comunicação, ou outros que a elas assistem, distinguirem o panorama ou os ambientes mentais que circundam o Espírito comunicante. Recentemente, em certa sessão para cura de obsessões, realizada em um Centro Espírita do Méier, estado da Guanabara (RJ), durante a manifestação do Espírito de um infeliz ébrio, que atuava sobre um pobre homem, chefe de numerosa família, impelindo-o à embriaguez, eram vistos, pelos médiuns presentes, um barril de aguardente e um cenário como de taverna, enquanto forte cheiro de álcool, percebido por todos os presentes, se derramava pela sala. Na cidade de Pedro Leopoldo (MG), em uma sessão do Grupo Meimei, na qual tomava parte o conceituado médium Francisco Cândido Xavier, em março de 1956, comunicava-se, por um dos médiuns presentes (Geraldo Rocha), o Espírito de um bispo católico. Essa Entidade não só se deixou ver, por várias das pessoas presentes, envergando trajes sacerdotais, como também o ambiente em que vivia como desencarnado: um belíssimo recanto de Catedral, com os vitrais fluindo luzes multicores de grande efeito.

para a maioria dos adeptos do Espiritismo, não serão, certamente, surpreendentes novidades:

As construções do meio invisível são edificadas com as essências disseminadas pelo Universo infinito, para a realização dos desígnios da Providência a nosso respeito, isto é, para a criação de quanto seja útil, necessário e agradável ao nosso Espírito, quer se encontre este sobre a Terra, reencarnado, ou fruindo os gozos da pátria espiritual; trata-se do fluido cósmico universal, ou de certas modificações deste, de que se origina o fluido espiritual; do éter fecundado, fonte geradora de tudo quanto há dentro da Criação, inclusive os próprios planetas materiais e o nosso perispírito.

Daremos a essas realizações espirituais o nome que quisermos, ou que a pobreza da nossa linguagem puder interpretar. O certo é que tais essências, tais fluidos são tão reais, tão concretos para os desencarnados como os elementos do mundo em que vivemos o são para nós. Unicamente, os desencarnados construirão, no mundo espiritual, de maneira bem diversa daquela que empregamos na Terra. No Espaço, como, aliás, na Terra, a vontade é soberana; o pensamento é motor, é produtor, é criador. Reúne-se, por exemplo, um grupo, uma falange de Espíritos evoluídos, que resolvem criar uma comunidade social no Espaço, destinada a acelerar seus trabalhos e iniciativas em prol do progresso e do bem comum. São espiritualmente homogêneos, dotados de elevadas capacidades morais, intelectuais e artísticas, além de serem técnicos no assunto. Seus pensamentos vibram uníssonos, do que resultam irradiações e movimentações poderosas, coordenadoras, intensas até o deslumbramento e o incompreensível para nós outros, os mortais inferiores. Eles já teriam programado o que desejavam produzir: uma escola para a reeducação geral de Espíritos frágeis que delinquiram nas experiências terrenas; um asilo ou reformatório, um hospital para o reajustamento mental ou vibratório de pobres sofredores que partiram da Terra envoltos em complexos deploráveis; um palácio para reuniões solenes, uma cidade. A força motora dos seus pensamentos poderosamente associados e disciplinados, irradiando energias cuja natureza o homem ainda não poderá conceber, agirá sobre aqueles fluidos e essências e edificará o que antes fora delineado e desejado. Comumente, esse trabalho é lento e requer perseverança para o seu aperfeiçoamento. Será tanto mais rápido quanto maiores forem as potências mentais criadoras reunidas. Essas criações, tais como forem – belas, artísticas, verdadeiros trabalhos de ourivesaria fluídica, deslumbrantes, mesmo, por vezes – obedecerão, no entanto, às recordações ou gosto estético dos operadores, *razão por que se parecem com as da Terra, sem que as da Terra se pareçam com elas*, como afirmou algures a ilustre entidade espiritual André Luiz, pois que muito mais perfeitas são elas do que os homens julgam.

Não obstante, somos levados a julgar, graças às mesmas observações a que nos conduz a Revelação, que essas edificações não serão permanentes nem fixas em uma determinada região. Serão antes móveis, transplantando-se para onde se faça necessária a presença da falange que as criou. Serão passíveis de se dissolverem sob o desejo dos seus criadores, ou de se modificarem segundo as conveniências. Se essa falange receber em seu seio discípulos e pupilos, estes poderão tornar-se cooperadores, exercitando os próprios poderes mentais na criação de detalhes, sujeitos ao veredicto dos mestres, e assim progredirão em saber, desenvolvendo forças latentes, evoluindo e se engrandecendo, pois tudo isso é caminhar para a perfeição.

Tratando-se de entidades inferiores, dá-se idêntico fenômeno de criação mental, não obstante a diferença impressionante na direção criadora, uma vez que estes operadores ignoram sejam os ambientes que os rodeiam criações de suas próprias mentes, pois que o feito também se poderá operar à revelia da vontade premeditada e intencional, sob o choque emocional da mente exacerbada, bastando apenas que seus pensamentos trabalhem ou se impressionem com imagens fortes, como acontece com os suicidas, que vivem rodeados de cenas macabras de suicídio. Certamente que, deseducadas, criminosas, muitas vezes dadas ao mal, com suas irradiações mentais contaminadas pelo vírus de mil prejuízos, essas entidades se cercarão, no além-túmulo, de criações grosseiras, dramáticas, mesmo trágicas, que a elas mesmas horrorizam, pois que eivadas de todas as artimanhas e ciladas oriundas dos pensamentos inferiores. E, reunidos tais Espíritos em grupos e falanges, em virtude da lei de similitude, que os leva a se atraírem uns aos outros, terão criado, então, seus próprios infernos, suas próprias prisões, seus antros ignóbeis, a que nada sobre a Terra poderá assemelhar-se. E os criam servindo-se das mesmas forças motoras do pensamento, agindo sobre as mesmas essências, os mesmos fluidos, as mesmas ondas vibratórias do éter. Tais, porém, sejam as necessidades de interesse geral, essas regiões, e com elas os Espíritos inferiores, seus criadores, serão localizadas em um ponto ermo do Invisível ou da Terra mesma, temporariamente, a fim de que eles se não imiscuam com os homens e vislumbrem, na forja dos sofrimentos, o imperativo de regeneração e progresso. É a isso que os instrutores espirituais denominam "Invisível inferior", porque nós outros precisaremos de alguma expressão, de um vocábulo para nos apossar dos ensinamentos fornecidos pelo Espaço.

Nós mesmos, as criaturas encarnadas, estaremos dentro de "regiões" criadas pelo nosso pensamento, além de permanecermos na crosta do planeta. Nossos pensamentos estarão estereotipados, concretizados pelo poder motor das nossas energias mentais atuando sobre os fluidos sublimes em que mergulha o Universo criado pelo Todo-Poderoso, embora não se trate de movimento tão intenso nem tão real como os de um desencarnado. Todavia, ainda assim, é devido a isso que os desencarnados surpreenderão o que pensamos, o que são o nosso caráter e o nosso sentimento, as nossas intenções e tendências, pela natureza das "edificações" mentais que nos acompanham. "*O Reino de Deus está dentro de vós*",[12] asseverou o Cristo. E nós outros certamente poderemos acrescentar: "E também o nosso inferno!"

Eis por que nossos guias espirituais, tal como a advertência invariável das filosofias religiosas, nos aconselham a educar nossas mentes,

---
[12] N.E.: Lucas, 17:21.

impelindo-as para as nobres e elevadas expressões da alma. É que visam a guiar-nos para um estado vibratório futuro, no além-túmulo, que nos abrigue de desditas e vexames. A tese, como bem se percebe, é complexa, intensa até a vertigem... pois tudo o de que tratamos aqui se desdobra em modalidades e matizes infinitos, e não será em uma crônica ligeira que a poderemos desenvolver perfeitamente, muito embora o façamos sob orientação dos mentores espirituais.

Ora, foi-nos dito pelo divino Mestre que *éramos deuses*...

Sim, somos deuses! Possuímos, sim, em modesta dinamização, mas passível de se desenvolver, pela ação do progresso, o gérmen de todos os atributos que o Ser Todo-Poderoso possui em grau supremo e infinito. Aí está um desses atributos – o poder mental criador – que há passado despercebido a muitos de nós! Nosso pensamento é, pois, criador, porque é centelha do pensamento supremo; por conseguinte, cria, em torno de nós mesmos, pequenos universos e mundos para nossa ventura, necessidade ou desdita, enquanto não aprendemos a utilizar as energias superiores para fins sublimes. Nas próprias ações e realizações meramente terrenas, não é o pensamento o primeiro a tudo planejar mentalmente, para em seguida edificar objetivamente?... Porventura, quando um grupo de homens resolve construir um palácio ou uma cidade, ou ainda qualquer empreendimento grandioso, não foi a sua mente que primeiro agiu e esboçou a obra, sob a ação da própria vontade? Quando a lavoura do linho ou dos cereais triunfa, dando-nos seus primorosos produtos, sustentando a vida do homem, não se serviu este, primordialmente, da sua mente, para conseguir a grande vitória? E quando, no além-túmulo, falanges de Espíritos elevados se reúnem para criar, com as forças mentais, essas "colônias", que fazem?...

Estudam, habilitam-se, exercitam-se em aprendizados sublimes, através dos tempos... Até que, um dia, Espíritos imortais, já glorificados pelo domínio de excelsas virtudes, sejam capazes de criar também um planeta, uma habitação para as experiências redentoras de uma

Humanidade em marcha para o progresso – tal como Jesus em relação à Terra, no princípio das coisas deste mundo, dentro das leis e da orientação da Criação suprema.

Tais estudos, todavia, pertencentes à iniciação superior do Espírito – e apenas vislumbrados, no momento terreno, pelas almas fortes –, serão de preferência realizados na vida invisível, onde muito se dilatam as capacidades de compreensão da criatura. Dia virá, porém, em que, na própria Terra, tais conhecimentos serão banais, como banal é o estudo da Geografia... pois, efetivamente, não passa de um estudo geográfico mais vasto... ampliado até a quarta dimensão... ou ao estado fluídico transcendental...

* * *

De posse de tão importantes cabedais, fornecidos pela Nova Revelação, que é o Espiritismo, o que temos a fazer não é acoimar de ignorantes, intrujões e mistificadores os médiuns que os têm recebido do mundo espiritual, mas procurar estudar, investigar e devassar, a fim de que a Verdade se patenteie, para proveito de todos, imitando os verdadeiros sábios e psiquistas, como Allan Kardec, William Crookes, Frederick Myers, Léon Denis, Ernesto Bozzano, Robert Dale Owen, J. Arthur Findlay, Cesare Lombroso, Alexander Aksakof e tantos outros luminares de coração simples, aos quais o orgulho não cegou...

Como se trajam os Espíritos...

13. Os fluidos espirituais, que constituem um dos estados do fluido cósmico universal, são, a bem dizer, a atmosfera dos seres espirituais; o elemento donde eles tiram os materiais sobre que operam; o meio onde ocorrem os fenômenos especiais, perceptíveis à visão e à audição do Espírito, mas que escapam aos sentidos carnais, impressionáveis somente à matéria tangível; o meio onde se forma a luz peculiar ao mundo espiritual, diferente, pela causa e pelos efeitos da luz ordinária; finalmente, o veículo do pensamento, como o ar o é do som.

14. Os Espíritos atuam sobre os fluidos espirituais, não manipulando-os como os homens manipulam os gases, mas empregando o pensamento e a vontade. Para os Espíritos, o pensamento e a vontade são o que é a mão para o homem. Pelo pensamento, eles imprimem àqueles fluidos tal ou qual direção, os aglomeram, combinam ou dispersam, organizam com eles conjuntos que apresentam uma aparência, uma forma, uma coloração determinadas; mudam-lhes as propriedades, como um químico muda a dos gases ou de outros corpos, combinando-os segundo certas leis. É a grande oficina ou laboratório da vida espiritual.

(Allan Kardec. *A gênese*. cap. XIV – "Os Fluidos", itens 13 e 14.)

Quando Joana d'Arc, a donzela de Orléans, era submetida a um daqueles terríveis interrogatórios que a História registrou, no curso do processo da sua condenação, movida pela chamada Santa Inquisição, na França, um dos seus mais encarniçados verdugos, ou juízes, justamente o bispo de Beauvais, fez-lhe esta pergunta ardilosa, tentando confundi-la:

— São Miguel te aparece desnudo?... – pois sabe-se que um dos Espíritos que a assistiam era por ela mesma considerado como aquele santo da Igreja Católica, uma das imagens que ela se habituara, desde a infância, a ver e a venerar na pequena Igreja da aldeia de Domrémy, seu berço natal.

Prontamente respondeu a donzela com outra interrogação, mas tão profunda, tão sutil e complexa que não a poderia ter compreendido a crueldade do estreito cérebro dos seus algozes, mas que a posteridade, nos dias atuais, devidamente compreende e explica à luz dos estudos transcendentais feitos pela Terceira Revelação, ou Espiritismo:

— Pensas que Deus não tem com que vesti-lo?... – respondeu Joana.

Sim! Deus, o Criador Onipotente, o Artista inimitável, Senhor da Beleza suprema, possui, espalhados pela sua Criação infinita, até dentro das próprias possibilidades psíquicas-vibratórias-mentais de seus filhos, os elementos e as energias que lhes permitem ataviar-se, uma vez desencarnados, consoante os seus próprios gostos artísticos ou simplesmente práticos, tais quais os encarnados. A Revelação Espírita fornece as bases necessárias à compreensão do atraente fato, pois tanto nas obras de Allan Kardec como nas do seu eminente colaborador Léon Denis, encontraremos fartos esclarecimentos quanto à possibilidade da confecção espiritual de um traje, deste ou daquele 'figurino', usado pelos habitantes do mundo invisível. Citaremos alguns desses trechos esclarecedores, apenas, visto ser impossível citar todos eles, dada a variedade do que poderemos a respeito encontrar. Além dos itens de *A gênese*, citados acima, leremos, ainda, no 3º do mesmo capítulo:

3. No estado de eterização, o fluido cósmico não é uniforme; sem deixar de ser etéreo, sofre modificações tão variadas em gênero e mais numerosas talvez do que no estado de matéria tangível. Essas modificações constituem fluidos distintos que, embora procedentes do mesmo princípio, são dotados de propriedades especiais e dão lugar aos fenômenos peculiares ao mundo invisível.

Dentro da relatividade de tudo, esses fluidos têm para os Espíritos, que também são fluídicos, uma aparência tão material quanto a dos objetos tangíveis para os encarnados, e são, para eles, o que são para nós as substâncias do mundo terrestre. Eles os elaboram e combinam para produzirem determinados efeitos, como o fazem os homens com os seus materiais, ainda que por processos diferentes.

No capítulo VIII da segunda parte de O livro dos médiuns ("Do laboratório do mundo invisível"), existe longa e substanciosa revelação da força criadora dos Espíritos desencarnados, os quais, utilizando-se da matéria própria do Invisível, ou seja, do fluido cósmico que enche os espaços sem-fim, a este manejam de sorte a construírem o que bem desejarem, com o poder que o pensamento e a vontade lhes concedem.

O assunto das citadas revelações se refere a uma aparição masculina, que trazia nas mãos uma caixa de rapé. Dentre a copiosa contribuição, que servirá de base para a nossa exposição, destacaremos os trechos seguintes, das perguntas feitas por Allan Kardec e das respostas fornecidas pelo Espírito São Luís, um dos iluminados reveladores dos códigos do Espiritismo, no item 128:

3ª Dizes que era uma aparência; mas uma aparência nada tem de real, é como uma ilusão de ótica. Desejáramos saber se aquela caixa de rapé era apenas uma imagem sem realidade, ou se nela havia alguma coisa de material?

"Certamente. É com o auxílio deste princípio material que o perispírito toma a aparência de vestuários semelhantes aos que o Espírito usava quando vivo." (Grifo nosso.)

Segue-se o comentário de Allan Kardec, elucidativo e oportuno, para o qual remetemos o leitor, e depois encontraremos o prosseguimento da lição, com nova pergunta do Codificador:

4ª Dar-se-á que a matéria inerte se desdobre? Ou que haja no mundo invisível uma matéria essencial, capaz de tomar a forma dos objetos que vemos? Numa palavra, terão estes um duplo etéreo no mundo invisível, como os homens são nele representados pelos Espíritos?

"Não é assim que as coisas se passam. Sobre os elementos materiais disseminados por todos os pontos do espaço, na vossa atmosfera, têm os Espíritos um poder que estais longe de suspeitar. Podem, pois, eles concentrar à sua vontade esses elementos e dar-lhes a forma aparente que corresponda à dos objetos materiais."

5ª Formulo novamente a questão, de modo categórico, a fim de evitar todo e qualquer equívoco:

São alguma coisa as vestes de que os Espíritos se cobrem?

"Parece-me que a minha resposta precedente resolve a questão. Não sabes que o próprio perispírito é alguma coisa?"

6ª Resulta, desta explicação, que os Espíritos fazem passar a matéria etérea pelas transformações que queiram e que, portanto, com relação à caixa de rapé, o Espírito não a encontrou completamente feita, fê-la ele próprio, no momento em que teve necessidade dela, por ato de sua vontade. E, do mesmo modo que a fez, pôde desfazê-la. Outro tanto naturalmente se dá com todos os demais objetos, como vestuários, joias etc. Será assim?

"Mas, evidentemente."

7ª A caixa de rapé se tornou tão visível para a senhora de que se trata, que lhe produziu a ilusão de uma tabaqueira material. Teria o Espírito podido torná-la tangível para a mesma senhora?

"Teria."

8ª Tê-la-ia a senhora podido tomar nas mãos, crente de estar segurando uma caixa de rapé verdadeira?

"Sim."

9ª Se a abrisse, teria achado nela rapé? E, se aspirasse esse rapé, ele a faria espirrar?

"Sem dúvida."

10ª Pode então o Espírito dar a um objeto, não só a forma, mas também propriedades especiais?[13]

---

[13] N.E.: Muitos Espíritos, antes de se deixarem ver pelos médiuns, ou de se comunicarem, revelam sua presença por meio do perfume que lhes é mais grato, ou que o foi quando encarnados. As entidades espirituais Charles e Frédéric Chopin se revelam pelo perfume de violeta, com certo detalhe que torna inconfundível um perfume do outro, ou seja, a presença de um desses Espíritos da presença do outro, tal se se tratasse, antes, de particularidades de vibrações. O Espírito Scheilla, ex-enfermeira alemã, morta em um bombardeio aéreo, durante a guerra mundial, e que se comunica com o médium Francisco Cândido Xavier, revela-se por um forte e muito materializado cheiro de éter, lembrando a sua profissão, em cujo exercício desencarnou. Espíritos sofredores e inferiores costumam fazer-se notados pelo cheiro de bebidas alcoólicas, de fumo, de podridão e até de decomposição cadavérica. E aqueles vitimados em desastres, e que vêm a morrer durante a estada nos hospitais, costumam desprender o cheiro do iodofórmio, do iodo, do formol etc. E não é muito raro um Espírito amigo, familiar, dar ao seu médium o perfume que sabe este aprecia, o que representa uma das muitas formas de afetividade e carinho com que tão bondosos amigos brindam seus aparelhos mediúnicos.

> "Se o quiser. Baseado neste princípio foi que respondi afirmativamente às perguntas anteriores. *Tereis provas da poderosa ação que os Espíritos exercem sobre a matéria, ação que estais longe de suspeitar*, como eu disse há pouco." (Grifos nossos.)

E assim prossegue a lição, num encadeamento atraente, que conviria o leitor apreciar. Ainda no volume *A gênese*, também no capítulo XIV, item 14, veremos o seguinte:

> [...] Algumas vezes, essas transformações [dos fluidos espirituais] resultam de uma intenção; doutras, são produto de um pensamento inconsciente. Basta que o Espírito pense uma coisa, para que esta se produza, como basta que modele uma ária, para que esta repercuta na atmosfera.
>
> É assim, por exemplo, que um Espírito se faz visível a um encarnado que possua a vista psíquica, sob as aparências que tinha quando vivo na época em que o segundo o conheceu, embora haja ele tido, depois dessa época muitas encarnações. *Apresenta-se com o vestuário, os sinais exteriores – enfermidades, cicatrizes, membros amputados etc. – que tinham então.* (Grifo nosso.)

Nas obras de Léon Denis vamos encontrar o precioso argumento a cada passo, confirmando tudo quanto os videntes têm revelado sobre o vestuário dos Espíritos. No capítulo XX de *No invisível* – "Aparições e materializações de Espíritos" – é farto e encantador o noticiário a respeito, desenvolvendo explicações sobre o modo por que operam as entidades desencarnadas, ao desejarem criar algo, e dos elementos, ou matérias sutis, de que se servem para tanto. Citaremos pequenos trechos, convidando o leitor a uma consulta a todo o belo capítulo:

> *As próprias nebulosidades, agregados de matéria cósmica condensada, germens de mundos, e que na profundeza dos*

espaços nos mostram os telescópios, vão reaparecer na primeira fase das materializações de Espíritos.

É assim que a experimentação espírita conduz às mais vastas consequências. A ação do Espírito sobre a matéria nos pode fazer compreender de que modo se elaboram os astros e se consuma a obra gigantesca do cosmo.

Mais adiante, destacaremos:

[...] Numa sessão, o Espírito Lélia forma com um sopro, aos olhos dos assistentes, um tecido leve de gaze branca, que se estende pouco a pouco e termina por cobrir todas as pessoas presentes. É um exemplo de criação pela vontade, que vem confirmar o que dizíamos no começo deste capítulo.

E mais além ainda:

Não somente o Espírito domina os elementos sutis da matéria, de modo a impressionar a placa sensível e os órgãos dos videntes, mas nas aparições visíveis para todos pode ainda produzir, pela ação da vontade, as formas que revestiu e os trajos que usou na Terra e que lhe permitem fazer-se reconhecer. Esse é, com efeito, o objetivo essencial de tais manifestações. Daí as roupagens, vestes, armas e acessórios com que se apresentam as aparições.

[...]

Recordemos também o caso de Ema Hardinge, assinalado pelo Sr. Colville: apareceu ela com o vestido de rainha das fadas, que trouxera muito tempo antes, em sua mocidade.

Nesse caso, como em alguns outros, a aparição parece não ser mais que simples imagem mental exteriorizada pelo Espírito, e que adquire bastante consistência material para ser percebida pelos sentidos. (Grifo nosso.)

Na excelente obra *O problema do ser, do destino e da dor*, Terceira Parte, capítulo XX – "A vontade" – também de Léon Denis, encontraremos este pequeno trecho, além de outros favoráveis à nossa tese e que seria fastidioso citar:

[...] Em todos os domínios da observação, achamos a prova de que a vontade impressiona a matéria e pode submetê-la a seus desígnios. Esta lei manifesta-se com mais intensidade ainda no campo da vida invisível. E em virtude das mesmas regras que os Espíritos criam as formas e os atributos que nos permitem reconhecê-los nas sessões de materialização.

Ora, assim sendo, sentindo-nos à vontade sobre tão sólidas bases para descrever o que desejamos, não recorreremos aqui a Ernesto Bozzano, nem a William Crookes ou a Aksakof, embora certos de que também em suas obras encontraríamos elementos que confirmariam o que conosco se tem passado no decurso de nossas atividades mediúnicas...

* * *

Durante as numerosas ocasiões em que, como vidente, temos observado entidades desencarnadas, quer em nosso estado normal, quer quando nos há sido possível penetrar o mundo invisível, levada em corpo espiritual (perispírito) pelos guias e instrutores que nos deferem essa honra, grande número de Espíritos temos visto, e até com eles convivido, se deste modo nos podemos expressar, de variada gradação moral e intelectual, e apenas uma vez nos recordamos de ter percebido um inteiramente desnudo. Contrariamente, o que temos presenciado nos confere o direito de categoricamente afirmar que – sim! – os Espíritos se trajam e modificam a aparência das vestes que usam conforme lhes apraz, exclusão feita de alguns muito inferiores e criminosos, geralmente obsessores da mais ínfima espécie, cuja mente não possui vibrações à altura de efetuar a admirável "operação plástica" requerida. Por isso mesmo, a aparência destes últimos costuma ser chocante para o vidente, pela fealdade, ou simplesmente pela miséria, pois se apresentam cobertos de andrajos e farrapos, como que empapados de lama, ou embuçados em longos sudários negros, com mantos ou capas que lhes envolvem os ombros e a cabeça e, não raro, mascarados por um saco negro enfiado na cabeça, com duas aberturas à altura dos olhos, tais os antigos verdugos da Inquisição, uniformizados para operações nas salas de suplícios, de que nos dão conhecimento as gravuras antigas. Longos chapéus costumam trazer também, assim como botas de cano alto, conquanto muito difícil seja ao médium distinguir-lhes os pés. Tais Espíritos procuram, frequentemente, esconder o rosto e insultam rudemente o médium, se este os surpreende com a visão. Certamente que o instrumento mediúnico, diante de uma aparição dessa categoria, precisará estar de posse de toda a tranquilidade fornecida pela fé e pela confiança adquiridas por meio do exercício mediúnico, a fim de se não deixar envolver pelas faixas daninhas expelidas pela entidade, cuja presença, se se tornar constante, poderá produzir, a um médium pouco experimentado, desequilíbrios graves e até mesmo a obsessão. A prece será sempre a melhor defesa contra essa espécie de habitantes do mundo invisível. Se a prece for feita com a necessária confiança, levando o médium a se harmonizar com as vibrações superiores do Além, geralmente tais entidades se afastam com rapidez, apavoradas e contrafeitas.

Tais aparições, no entanto, não são frequentes, parecendo-nos mesmo que as que temos surpreendido somente nos foram permitidas sob a direção dos nossos instrutores espirituais, para a necessária observação e estudo. Raramente aceitam elas uma conversação doutrinária. Cremos que somente a reencarnação, num trabalho de educação pela dor dos aprendizados pungentes, terá eficiência no seu soerguimento moral.

Ainda que tal revelação – a do vestuário dos Espíritos – desagrade a alguns estudiosos, que não admitem tal possibilidade, e que têm os Espíritos como seres diferentes dos homens, abstratos, vagos, não poderemos afirmar senão que, pelo menos os que se conservam chegados à Terra, pelas lembranças de terem sido homens muitas vezes, são eles tão simples e naturais que nos dão a impressão de homens apenas algo mais frágeis na sua estrutura, mais belos alguns, porque lucilantes e delicadíssimos na sua feição perispiritual, mas hediondos e repulsivos outros, porque de aparência inferior ao comum dos mortais terrenos, mais desagradáveis à vista. Muitas vezes, durante nossas orações diárias, nos vemos rodeados de entidades sofredoras, que, ao que parece, até nós são encaminhadas pelos guias espirituais a fim de participarem não somente das preces consolativas que fazemos, mas também da leitura doutrinária que sistematicamente realizamos todas as noites, leitura que parece instruí-las, norteá-las, consolá-las de suas dúvidas e infortúnios e dos desapontamentos próprios do mundo invisível, pois, quando lemos, as vibrações da nossa mente repercutem no entendimento dessas entidades como a palavra enunciada e somos ouvidos e compreendidos por elas tal se falássemos em voz alta. Daí por que deverá o médium, principalmente, se conservar sempre vigilante com as leituras que fizer, as quais poderão torná-lo um polo de atrações afins, ao sabor da sua mesma natureza. Nessas ocasiões, isto é, quando oramos ou estudamos, somos visitados por suicidas chorosos e desolados, por pobres criaturas surpreendidas pela desencarnação em desastres etc. Mostram, então, chorando, braços esmagados, pernas amputadas, ferimentos variados, de onde corre o sangue, trazendo eles próprios vestes ensanguentadas. Suicidas se apresentam contorcendo-se em dores ocasionadas pelo envenenamento, ou asfixiados pelo enforcamento, e um mundo extenso de dores e desolações se delineia à nossa visão. Muitos desses se têm reanimado com as páginas do capítulo VI de *O evangelho segundo o espiritismo*, de Allan Kardec (O Cristo Consolador), pois a esses é de dispensar, antes de mais nada, as consolações do amor do Cristo, as esperanças no amparo e na misericórdia do Eterno. As explicações da Ciência e as elucidações da Filosofia, tão somente, não farão eco sobre suas desgraças. Serão necessários o Evangelho e a prece para fortalecê-los e serená-los na confiança de um socorro celeste, para, depois, então, adquirirem a compreensão da Filosofia e as provas irrefutáveis da Ciência.

Certa vez, o Espírito de um jovem, que aparentava 18 ou 20 anos, apresentou-se à nossa visão, todo envolvido em ataduras de gaze, da cabeça aos joelhos, braços, mãos, rosto. Chorava; e um cheiro forte de iodofórmio anunciou sua presença antes mesmo da materialização. Compreendemos que seu trespasse se efetivara por uma explosão e que falecera no hospital; pois o panorama dos acontecimentos relacionados com a desencarnação da entidade comunicante, ou mesmo passagens de seu drama íntimo, são revelados ao médium por meio das suas próprias irradiações (ou de sua aura), o que produz intuições quase instantâneas, espécie de conversação telepática, ou vibratória, que desvenda as cenas e enseja esclarecimentos para o que se há de tentar, a fim de minorar a sua aflição. Como sempre, em presença desse Espírito, procuramos fazer leitura amena e esclarecedora, convidando-o a ouvi-la, o que fez com grande respeito e atenção. Oramos juntos e conversamos depois, embora ligeiramente. E tivemos a satisfação de vê-lo sorrir e agradecer, ao se afastar.

Nenhuma conquista humana, nenhum prazer ou alegria deste mundo se poderá comparar à felicidade de um médium que já se viu envolvido em tarefa desse gênero. O consolo que ele próprio recebe, se sofre, a doçura inefável de que se sente invadir, ao verificar que conseguiu auxiliar um desses pequeninos a quem Jesus ama e recomenda, ultrapassa todas as venturas e triunfos terrenos. É como se ele próprio, o instrumento mediúnico, houvesse mergulhado em vibrações celestes, por meio das lágrimas do sofredor do Invisível, as quais procurou enxugar.

Evidentemente que um serviço dessa natureza, realizado por um médium desacompanhado de colaboradores, nem será de fácil realização nem será encetado levianamente. Será antes espontâneo, provocado e dirigido tão somente pelos instrutores espirituais, assim mesmo quando acharem o médium em condições vibratórias adequadas para o feito. Parece que o médium, então, é imunizado de perigos por processos que escapam à nossa compreensão, o que indica não dever ele jamais desejar ou provocar semelhantes experiências. Ao demais, antes que tais labores sejam confiados à responsabilidade de um aparelho mediúnico, será necessário que ele se tenha preparado longamente através de um tirocínio ininterrupto, que se tenha desprendido, muitas vezes, do mundo e de si mesmo, por meio de renúncias e dolorosos testemunhos, de forma que o coração, ferido por dores inconsoláveis na Terra, esteja preparado para a compreensão exata das lides do invisível.

Muitas dessas entidades, porém, se debruçam sobre o nosso ombro e leem conosco, interessadas, naquilo que estudamos, o que testemunha ser a vida espiritual simples como a nossa própria vida, a continuação desta, tão somente. Temos observado que algumas dessas tais entidades colocam os óculos a que estavam habituadas, quando encarnadas, para lerem melhor conosco... Geralmente são, como ficou dito, leituras escolhidas as que fazemos, ou do Evangelho, que projetem com vigor a personalidade e os feitos do Cristo, ou de obras espíritas que melhor toquem o coração. Assim, esses pequeninos e sofredores se afeiçoam ao médium que os ajudou nos dias difíceis e se tornam amigos fervorosos para todo o sempre, estabelecendo-se, então, indissolúveis elos de fraternidade.

Há cerca de um ano, pela madrugada, estando nós ainda despertos, apresentou-se à nossa visão um Espírito cujo decesso carnal se teria dado entre os seus 38 ou 40 anos. Trajava-se pobremente, com terno azul-marinho, já usado, camisa branca também bastante usada, gravata preta, atada com certo desleixo. Esquálido e abatido, infinitamente triste, mas já resignado à própria condição, colocou a mão sobre a nossa, num gesto fraterno, e disse:

— *Venho agradecer-lhe os votos feitos, em minha intenção, à bondade de Deus... Suas preces me auxiliaram tanto que até minha família, que deixei na Terra, foi beneficiada... Chamo-me Joaquim... e meu nome está no registro do seu caderno de apontamentos...*

Constatamos, então, que esse visitante fora suicida... e, materializado, pudemos observar que havia terra em sua indumentária, isto é, impressões da porção de terra em que fora sepultado, assim como sua mente permanecia afeita ao vestuário que habitualmente usava quando vivo, e com o qual fora também para a sepultura. Como, efetivamente, possuímos um caderno no qual registramos nomes de suicidas e pessoas falecidas em geral, conhecidos ou colhidos dos noticiários dos jornais, procuramos verificar se realmente existia nos ditos apontamentos aquele singelo nome. E encontramos, de fato, entre os suicidas, um *Joaquim Pires*; tratava-se, portanto, de um dos destacados dos noticiários dos jornais, recomendado para as preces e as leituras diárias. E estamos certos de que será um bom amigo, cuja afeição nos acompanhará pelo futuro afora...

* * *

Até o momento presente, os Espíritos mais bem "trajados" e mais belos que tivemos ocasião de observar através de materializações, durante a vigília e também no mundo invisível, por ocasião do desdobramento do corpo astral, foram os que passamos a citar. A entidade que se denomina *Charles*, martirizado por amor ao Evangelho, no século XVI, na França, durante a célebre matança de São Bartolomeu, comumente se deixa ver em trajes de iniciado hindu, tendo-se mostrado, uma única vez, em trajes de príncipe indiano, visto que no século XVII foi soberano na Índia. Frédéric Chopin, que já variou a indumentária quatro vezes em suas aparições, deixando-se perceber, em duas delas, apuradamente trajado à moda da sua época (reinado de Luís Filipe, na França), mas todo envolto em um como luar azul translúcido, como neblina. Victor Hugo, a quem só pudemos distinguir o busto, também envolto em neblinas lucilantes, argênteas, com reflexos azuis pronunciados, sem que pudéssemos destacar o "feitio", dos trajes. A falange de iniciados hindus, de que somos pupila espiritual, com todos os seus integrantes esforçando-se por serem contemplados em seu "uniforme" característico, as gemas do anel e do turbante inclusive, envoltos em neblinas lucilantes, com reflexos azuis. Lázaro Zamenhof, o criador do Esperanto, vaporoso mas muito humanizado em seu terno do século XX, circundado de um halo como que formado de ondas concêntricas, que indicaria o elevado trabalho intelectual (detalhe também observado em Victor Hugo), e esbatida a sua configuração perispiritual por um jato de luz, radiosa, verde-claro, igualmente de forma concêntrica. E, finalmente, um vulto muito nobre, observado no ano de 1930, cuja identidade ignoramos, mas a quem denominamos Anjo Guerreiro, pelas particularidades do quadro em que se deixou contemplar. Acreditamos, porém, tratar-se de algum integrante da legião protetora do Brasil, ou do Movimento Espírita no Brasil. O certo era que trajava uma túnica grega, curta, atada por um cinto dourado; um diadema discreto, um simples friso de ouro, à cabeça, e guiando uma biga romana como que construída de alabastro. Com a destra, empunhava as rédeas, sem que, todavia, aparecessem os cavalos, e, com a sinistra, uma flâmula de grandes dimensões, alvinitente, onde se lia – "Salve, Brasil imortal!"

Estampava-se visivelmente, nessa Entidade, assim materializada, o tipo oriental, o árabe, evocando também o tipo brasileiro muito conhecido no estado de Goiás. Era jovem, belo e sorridente, e um luzeiro cor-de-rosa envolvia-o, espraiando-se em torno e se estendendo longamente sobre uma multidão que cantava hosanas e empunhava pequenas flâmulas, multidão que seguia em cortejo atrás da biga. Não nos estenderemos em particularidades quanto a essa visão, por não julgá-la interessante para estas páginas. No entanto, jamais fomos informados da identidade de tão formoso Espírito. Acrescentaremos, apenas, que sua aparição assinalou etapa definitiva em nossa vida e em nossos labores espíritas.

* * *

Comumente, os Espíritos se nos apresentam trajados conforme o fizeram durante a existência carnal: os homens, com o terno que habitualmente usavam, acentuando este ou aquele detalhe que melhor os identifique; as mulheres, com os vestidos que, igualmente, de preferência, usavam. Mais raramente, alguns se deixam ver com a indumentária com que foram sepultados, e ainda outros com os trajes que desejariam possuir, mas que não chegaram a usar. Dois meses após o falecimento de nossa mãe, nós e mais três pessoas da família vimo-la, assistindo a uma reunião de preces em sua intenção, trajando um costume de *gabardine azul-marinho*, com um cachecol de seda quadriculada branca e preta, vestes por ela preferidas para as viagens que fazia em visita aos filhos, nos últimos meses que viveu. Uma tia nossa, a Sra. C. A. S., falecida no interior do estado de São Paulo, em 1950, cerca de vinte dias após o trespasse apresenta-se à nossa visão, no Rio de Janeiro, dizendo ter vindo visitar-nos, pois se sentia saudosa. Vestia um costume preto, e um véu de rendas negras cobria-lhe inteiramente o corpo, partindo da cabeça e atingindo os pés. Sua configuração perispiritual, como vemos, era chocante. O véu incomodava-a horrivelmente e ela se debatia aflita e irritada, tentando em vão retirá-lo de si. Agradecemos-lhe a visita e o interesse pela solidão em que vivíamos, pois, na ocasião, asseverou-nos encontrar-se penalizada ante as provações com que nos debatíamos, e convidamo-la a orar, a fim de se poder libertar daquele incomodativo manto, sem que, no entanto, nos fosse possível compreender o que poderia causar semelhante fenômeno. Cerca de um mês mais tarde, porém, soubemos, por pessoa da família presente ao seu funeral, que nossa tia *fora sepultada com um costume azul-marinho escuro e um véu de rendas negras cobrindo-lhe o rosto e o corpo*, exatamente a mantilha, tipo espanhol, que usava ao assistir a missas e tomar a comunhão, como boa católica que fora.

Uma filha do espiritista Sr. Antônio Augusto dos Santos, residente em Belo Horizonte, três dias após a morte de sua irmã Elizabeth, menina de 14 anos, viu-a, pela madrugada, no seu próprio quarto de dormir, pairando no ar e trajando um suntuoso vestido de baile, tipo "Imperatriz Eugênia". Tão feérica a luz que a circundava que, clareando todo o aposento, permitiu à vidente observar detalhes, tais como o desenho das rendas que ornavam o vestido, babados, fitas, flores etc. Assevera a jovem vidente que *o vestido era salpicado de pequenas pérolas, como gotas de orvalho*, detalhe por nós também observado em duas das quatro indumentárias perispirituais apresentadas pela entidade Frédéric Chopin. Porque seja inspirada e futurosa pintora, a filha do Sr. Antônio dos Santos, no dia seguinte, desenhou, com minúcias, a visão que tivera pela madrugada, dando a ver os detalhes do vestido que a menina morta absolutamente não possuíra quando viva.

Semelhante materialização, espontânea e inesperada, teve o dom de reanimar e consolar os desolados pais da jovem falecida, que se mantinham sucumbidos ante a acerba provação. Referir-nos-emos ainda ao mesmo fato, em capítulo posterior.

De outro modo, Espíritos plenamente espiritualizados, como Adolfo Bezerra de Menezes e Bittencourt Sampaio, foram por nós distinguidos envergando longa túnica vaporosa, nívea, cintilante, levemente esbatida de azul. O primeiro costuma deixar-se ver, também, trajando avental de médico, com barrete, ao passo que o segundo, isto é, Bittencourt, a quem uma única vez vimos, em dia de grande provação, há muitos anos, talvez pela sua qualidade de "poeta do Evangelho", trazia uma coroa de louros, ou de mirto ou carvalho, como os antigos intelectuais gregos e latinos.

* * *

Alguns adeptos do Espiritismo, talvez demasiadamente ortodoxos, talvez pouco observadores, dogmatizando um ensino que, sabemos, ainda não foi completamente revelado, pois o próprio Codificador afirmou seria evolutivo, alguns adeptos, dizemos, combatem tais relatórios mediúnicos, afirmando que assim não deverá ser, porque Espíritos não precisam vestir-se.

Ora, se os próprios Espíritos afirmaram a Allan Kardec que o perispírito é semimaterial, que é a forma, o modelo no qual se esboça o corpo carnal, e, portanto, é um corpo, seria o caso de relembrarmos a impertinência astuciosa do Senhor de Beauvais para com a donzela de Orléans:

— São Miguel te aparece desnudo?... – ou seja: Eles, os Espíritos, com os seus perispíritos semimateriais, como são, e, portanto, tratando-se de um corpo, aparecerão desnudos aos médiuns?...

Teríamos que responder, visto que o dever de um médium é revelar com sinceridade, com a consciência voltada para Deus, o realismo do mundo invisível.

— Sim, há Espíritos desencarnados, aqueles que foram homens ou mulheres de baixa condição moral, que se arrastaram em existências consagradas aos excessos carnais, à devassidão dos costumes, que podem, com efeito, aparecer desnudos aos médiuns, revelando mesmo, em cenas degradantes, que lhes foram habituais no estado humano, a degradação mental em que ainda permanecem. E o vidente, cujo compromisso é exatamente esse, de se tornar intermediário entre os dois planos da vida, há de contemplar e revelar, embora estarrecido e contrafeito, o realismo que seus instrutores espirituais lhe permitem surpreender no além-túmulo, para satisfazer àqueles que desejarem informações sobre o palpitante assunto. Todavia, o comum é se apresentarem os desencarnados sob as aparências que mais lhes agradem. Os fatos mais antigos aí estão, espalhados pelos séculos, atestando que, seja de fluido cósmico universal, de éter sublimado ou de fluido espiritual, de matérias quintessenciadas, de gases ou de vaporizações, ou simplesmente como decorrência de força mental projetada sobre as fibras supersensíveis do perispírito, o certo é que a maioria dos habitantes do Além se deixa ver com roupagens que variam do belo esplendoroso ao miserável e ao horrível.

Também os médiuns espíritas supunham que os desencarnados não se vestissem. Mas, diante do que a sua própria visão constata, que deverão eles afirmar senão o que lhes dão a ver do mundo invisível? Isto é, que veem os Espíritos "trajados" de vários modelos, e que isso é o comum no plano espiritual? E, por vezes, até muito artística e suntuosamente trajados? Lembremo-nos, então, da admirável resposta de Joana d'Arc aos seus juízes, tratando de São Miguel, compreendendo que ela, há cinco séculos, não ignorava o que hoje a Doutrina Espírita expõe:

— Pensas que Deus não tem com que vesti-lo?...

Ou seja:

— Sim! Os Espíritos podem vestir-se, servindo-se dos ricos elementos esparsos pelo Universo, aos quais acionam voluntária ou insensivelmente, valendo-se das forças do pensamento e da própria vontade!

Ora, de tudo o que acabamos de observar, e atentos ao que expõem Allan Kardec, Léon Denis, Ernesto Bozzano, William Crookes, e outros, bem ao que os próprios desencarnados são incansáveis em confirmar, extrairemos as seguintes deduções:

1º – Que a mente do Espírito desencarnado *cria para a sua configuração individual a indumentária que deseja, valendo-se da própria vontade*, segundo o próprio gosto artístico, a necessidade, a singeleza dos hábitos, a humildade do caráter e o grau de elevação moral-mental-espiritual, pois o Espírito possui liberdade e aptidões naturais para assim se conduzir.

2º – Que a mente do desencarnado também poderá evocar os hábitos e usos passados, conservar as imagens dos trajes que preferiu, mesmo em existência remota, e imprimi-las na sensibilidade plástica do perispírito, e assim se apresentar aos seus iguais de além-túmulo, como aos médiuns, em materializações espontâneas e individuais, ou provocadas para visão coletiva.

3º – Que o Espírito do recém-desencarnado poderá padecer o fenômeno de *repercussão vibratória* dos acontecimentos verificados no corpo carnal, durante a crise do lento desligamento das energias fluídicas que o prendiam àquele, por ocasião do desenlace, sobressaindo no dito fenômeno o detalhe assaz impressionante da natureza da indumentária com a qual o sepultaram, fenômeno este, no entanto, geralmente ocorrido com as entidades muito arraigadas à matéria.

4º – Que o perispírito, cujas essências e propriedades são impressionáveis e, portanto, amoldáveis à ação plástica do pensamento, com uma sutileza indescritível; sendo *expansível e contrátil*; e exercendo a energia mental, sobre as mesmas propriedades, uma ascendência irresistível, dá-lhe aquela forma que desejar ou que puder, mesmo inconscientemente, mesmo à sua revelia, pois que esse poder mental é natural no ser psíquico, um atributo do Espírito, ainda que este o ignore, tal como a inspiração e a expiração são atributos irresistíveis e quase imperceptíveis da organização físico-material.

5º – Que, possuindo propriedades plásticas tão sutis e melindrosas, e *sendo o Espírito arraigado à matéria, não obstante já desencarnado*, repercutirão, por isso mesmo, em sua mente, ou no seu perispírito, as impressões mais fortes, ou acontecimentos, que afetem o próprio cadáver, dado que poderosas, transcendentes atrações magnéticas ligam ao corpo carnal o ser espiritual, para a boa marcha da encarnação terrestre, e que, em muitos casos, tais afinidades se prolongam por algum tempo ainda após a morte do envoltório carnal, e até mesmo após a sua total decomposição.

6º – Finalmente, que, a par de tal fenomenologia da mente e da vontade, existem no mundo espiritual elementos, fluidos, essências, gases, energias, matérias mui transcendentais, desconhecidas dos homens e das entidades inferiores e medíocres, as quais, acionadas pela vontade do desencarnado de elevada categoria moral-intelectual, se poderão transfundir em formosas aparências de indumentárias variadas, que ao vidente pareceriam muito concretas (como realmente o são para o mundo espiritual), estruturadas em raios luminosos ou em vaporizações cintilantes.

Os homens, por sua vez, não se trajam, igualmente, com os produtos da própria mente? Porventura a lavoura do linho e do algodão, como a produção da seda; a maquinaria das fábricas que tecem os seus fios, transformando-os em vistosos brocados e rendas custosas, não foram antes criações mentais para, em seguida, se concretizarem em vestuários ricos e suntuosos? Quando o homem deseja alindar-se, não é a sua mente a primeira a criar aquilo que ele desejou, para depois ele próprio concretizar esse desejo, na matéria de que dispõe no plano terreno?... E o Universo infinito, concreto, estável, eterno, não é o produto da Mente divina? E não herda a Humanidade, do seu Criador, parcelas da sua superioridade?...

Trabalhemos, pois, e vigiemos, para que um dia os produtos da nossa força mental nos possam glorificar em vestes de luz, na realidade da vida espiritual...

Frédéric Chopin, na Espiritualidade

401. Durante o sono, a alma repousa como o corpo?

Não, o Espírito jamais está inativo. Durante o sono, afrouxam-se os laços que o prendem ao corpo e, não precisando este então da sua presença, ele se lança pelo espaço e entra em relação mais direta com os outros Espíritos.

(Allan Kardec. *O livro dos espíritos*, q. 401)

No importante livro *Fatos espíritas*, de William Crookes, o sábio investigador das personalidades invisíveis, existem estes dois tópicos: o primeiro referente a aparições de "mãos luminosas visíveis à luz ordinária", o segundo tratando das célebres materializações do Espírito Katie King. Transcrevemos ambos no início da presente crônica, porque os julgamos testemunhos adaptáveis a outras materializações que temos presenciado, não obstante serem estas categoricamente espontâneas, e não provocadas, como as primeiras:

"[...] Nem sempre ela [a mão] é uma simples forma, pois algumas vezes parece perfeitamente animada e graciosa: os dedos movem-se e a carne parece ser tão humana quanto a de qualquer das pessoas presentes." ("Aparições de mãos, luminosas por si mesmas, ou visíveis à luz ordinária.")

"[...] Katie nunca apareceu com tão grande perfeição. Durante perto de duas horas passeou na sala, conversando familiarmente com os que estavam presentes. Várias vezes tomou-me o braço, andando, e a impressão sentida por mim era a de uma mulher viva que se achava a meu lado, e não de um visitante do outro mundo." ("Formas de Espíritos.")

* * *

Sendo a faculdade mediúnica o meio de que a criatura encarnada dispõe para se tornar intérprete do mundo espiritual, e estando tal faculdade prevista nas Leis da Natureza, não será impossível, dentro de certo limite, a um médium que se haja dedicado convenientemente ao exercício da faculdade, comunicar-se com este ou aquele Espírito, que tanto poderá ser entidade normal e esclarecida como inferior e obsessora. Ernesto Bozzano, sábio psiquista italiano, que os espiritistas estudiosos tanto acatam, em uma de suas admiráveis obras[14] declara que, entre as entidades inferiores, talvez somente os chamados "réprobos", jamais possam comunicar-se com os médiuns, o que nos induz a concluir que tais Espíritos, os réprobos, portadores de vibrações viruladas por múltiplos prejuízos, tão contagiosas quanto a mais perigosa peste, poderiam, com sua presença, no fenômeno de incorporação, quando é franca a permuta de vibrações, levar os médiuns a enfermarem gravemente ou até mesmo a morrer. Os grandemente iluminados lutariam, de seu lado, com dificuldades para plena harmonização com o médium, dada a inferioridade moral-vibratória deste.

Não obstante, possuem eles tantos meios, que os homens ignoram, de transmitir seus pensamentos e ideias, suas influenciações se infiltram tão sutilmente e de forma tão variada nos meandros de uma faculdade

---

[14] N.E.: *A crise da morte* – "Décimo sexto caso."

mediúnica, que frequentemente os homens recebem lições e conselhos dessas entidades grandiosas, ignorando que sejam delas, pois, de regra, individualidades espirituais dessa categoria, sobretudo aqueles cujos nomes foram conhecidos na Terra, tomam pseudônimos a fim de se fazerem acreditados, visto que a verdadeira identidade seria posta em dúvida ou causaria escândalo, ao mesmo tempo que acarretaria dissabores ao médium, o que um Espírito elevado sempre costuma evitar.

Camilo Castelo Branco, o eminente escritor lusitano, amplamente conhecido, um dos nossos mais antigos amigos espirituais, que desde os nossos 12 anos nos aparecia em visões nítidas, queixava-se amargamente, como Espírito, de se ver, com frequência, corrido de junto dos médiuns, com quem gostaria de se comunicar, enxotado dos Centros Espíritas, sob acusação de mistificador, apenas porque o seu maior prazer seria testemunhar ao mundo a própria imortalidade e o noticiário copioso do Além, o que o levava, necessariamente, a se apresentar com a sua verdadeira identidade. No entanto, aceitavam-no, sem objeções, quando ele, no desejo de falar com os mortais, passava a mentir e enganar, afirmando chamar-se Camilo da Silva aqui, José Camilo Botelho ali, e mais além Camilo da Fonseca, pobre professor português que tivera a desdita de se suicidar por motivo de dificuldades financeiras...

Mas por que não aceitavam Camilo, o escritor? Por que o grande Camilo não se poderia comunicar com qualquer médium, em qualquer Centro Espírita, para falar aos seus irmãos de humanidade, como tanto desejava, se, como Espírito desencarnado, não passava de entidade sofredora, carente de consolo e estímulo para a reabilitação, embora na Terra houvesse sido mestre da Língua Portuguesa, romancista emérito? Pois sabemos que o talento, o saber, os títulos honoríficos conferidos pela Terra, a um cidadão desprovido dos dotes morais e qualidades honrosas do caráter e do coração, nada representam na pátria espiritual, e até que, na maioria das vezes, somente servem para confundi-lo e sobrecarregá--lo de responsabilidades, porquanto justamente os cérebros mais burilados de cultura são os que deveriam conhecer melhor as leis do Bem e da Justiça, únicas moedas valorizadas no além-túmulo. Por isso mesmo, o amigo Camilo Castelo Branco, Espírito necessitado de aprendizado rigoroso, ansioso por servir à causa da Verdade entre os homens, buscando lenitivo para suas muitas dores nas narrativas e lições que, extraídas da própria experiência, sempre desejou oferecer aos encarnados, a fim de aplanar caminhos para os seus resgates futuros, não conseguiu nem médiuns nem Centros Espíritas que lhe aceitassem a palavra, porque os homens o endeusaram tanto, graças à sua copiosa literatura, que até mesmo os espíritas esqueceram que ele, espiritualmente, não passava de entidade vulgar, pela situação moral que seus desacertos terrenos lhe acarretaram no mundo invisível. Muito mais radiosos e sublimes serão Bezerra de Menezes e Emmanuel, almas peregrinas, cuja inefável bondade e elevação de vistas as tornam angelicais por excelência, podendo mesmo asseverar-se que são das individualidades espirituais mais elevadas que se têm comunicado ultimamente com a Terra. E, no entanto, aí estão, sem se diminuírem ao se comunicarem conosco. E todos nós os aceitamos, com raríssimas exceções...

Assim pensando e refletindo é que nos propomos a tratar da individualidade espiritual Frédéric François Chopin, um dos maiores gênios da Música que a Terra há tido a honra de hospedar, o que se dá sempre que necessitam as gerações de um vigor novo, de nova seiva para a expansão do Belo entre os homens. Esse encantador Espírito, não obstante nossa insignificância pessoal – tal como Camilo Castelo Branco, Bezerra de Menezes, Léon Denis, Charles, Léon Tolstói, D. Pedro de Alcântara, Victor Hugo, Padre Vítor, Dr. Augusto Silva, Inácio Bittencourt, César Gonçalves e outros, inclusive suicidas, alguns muito conhecidos pela nossa sociedade, obsessores, criminosos etc. –, tem sido um dos mais ternos amigos que adquirimos por intermédio da mediunidade. E se, como os primeiros, não nos concedeu, até agora, mensagens literárias escritas, concede-as verbalmente, em aparições e materializações edificantes, e ainda porque, em vez de escritor ou beletrista, foi músico; daí – afirma ele próprio –, somente saberá bem expressar-se por música, ao passo que nós, como médium que somos, e não musicista, não estamos preparados para que ele venha ditar, em vez de romances ou livros doutrinários, prelúdios e noturnos, valsas ou "polonaises", visto a psicografia musical ser obra mediúnica infinitamente mais melindrosa e difícil que a literária, requerendo, mesmo, da parte do médium, uma boa dose de cultura musical. Entretanto, tem ele endereçado páginas carinhosas, como cartas, a alguns amigos que dele solicitaram, por nosso intermédio, conselhos e sugestões sobre música. Assim sendo, e não se tratando, a nossa afinidade com o Espírito Frédéric Chopin, de atração motivada pela música, mas simplesmente questão pessoal, nenhuma admiração ou estranheza deverá causar a notícia de que entidades como ele próprio, e mais Camilo Castelo Branco, Victor Hugo ou Castro Alves e Bilac, se dirijam a este ou àquele médium, com quem sentiram afinidades, as quais também podem não ser literárias ou artísticas, mas sentimentais e afetivas, para uma confabulação amistosa, amorável, sobretudo quando o fruto que apresentarem esteja à altura daquilo que deixaram ao partirem para o Além. Os Espíritos gostam de ser amigos e de serem amados pelos homens, e a grandiosidade da Doutrina dos Espíritos é justamente esta: permitir que se derruam as barreiras da morte, para que os homens e os Espíritos se entendam, num intercâmbio glorioso de afetos e labores.

Geralmente, os Espíritos se apresentam aos médiuns voluntariamente, e gostam de contar-lhes o que sentem, o que fazem, como vivem, as primeiras impressões e desapontamentos que os surpreenderam, o que sofrem e o que pretendem, seja no intuito de instruírem os homens, ajudando-os no progresso a realizar, seja testemunhando a própria imortalidade ou visando a se tornarem lembrados dos seres queridos aqui deixados, amigos e admiradores, ou, ainda, fiéis aos labores de um resgate necessário à sua honra espiritual. Alguns, como o próprio Chopin, gostam da Terra, visto que é sempre vivamente atraído para os planos terrestres por forças telepáticas poderosas. Ele próprio afirma, em confabulações com que nos tem honrado, em ocasiões encantadoras para a nossa sensibilidade mediúnica, que aqui, no Brasil, existem, reencarnadas, personalidades que lhe foram muito caras no passado, e que, no momento, lhe é muito grato enviar notícias aos homens. Interessa-se profundamente pela Doutrina dos Espíritos, pois confessa que, em suas existências passadas, não chegou a se dedicar fielmente a nenhum credo religioso, não obstante estivesse convencido da ideia de Deus, da imortalidade da alma e da eternidade e imutabilidade das Leis divinas. Sua religião tem sido, através dos milênios, as Artes, pois afirma ter vivido em várias épocas sobre a Terra, sempre como artista destacado. Ele serviu mesmo, como gênio inesquecível, as Belas-Artes, a Arquitetura, a Pintura, e finalmente a Música, que parece ser o ponto culminante das Artes em nosso planeta, o ápice da sensibilidade que um gênio da Arte pode galgar no estado de encarnação. Interessa-se igualmente, enternecido, pelo Esperanto, cuja perspectiva abrange numa visão futura deslumbradora, ainda porque se sensibiliza com o fato de haver sido polonês o gênio criador do brilhante idioma, Ludwik Zamenhof, seu compatriota, pois Frédéric Chopin, apesar de ser entidade evoluída, conserva ainda certos preconceitos muito humanos, como, por exemplo, a reminiscência do seu amor pelo berço natal, a Polônia, sempre que paira pelas atmosferas terrenas, o que nos leva a confirmar o esclarecimento contido nas obras doutrinárias, de que um século seria, para um Espírito desencarnado, como algum pouco tempo para nós. E não será o grande músico um caso isolado. Léon Denis, considerado apóstolo do Espiritismo, é tão patriota como Espírito como o foi em vida terrena, e o nosso Bezerra de Menezes revela visivelmente a sua predileção pelas coisas do Brasil, sempre que possível.

No entanto, seria erro supor que artistas geniais, só pelo fato de o serem, se santificassem ou se tornassem espiritualmente superiores, após o decesso corporal. Como homens, eles cometeram, muitas vezes, deslizes graves, rastejaram pelas camadas inferiores da moral, o que os fez sofrer, no Espaço, períodos críticos, humilhações e vexames, de que estariam isentos se, a par do ideal superior que abraçaram, como veros artistas, cultivassem também sólida crença em Deus, respeito por suas leis e moral elevada. Basta retrocedermos ao passado, examinando a vida de sofrimentos e provações que a maioria dos artistas geniais houve de enfrentar neste mundo, para aquilatarmos do grau dos seus deslizes anteriores, muito embora fossem gênios consagrados à Arte, desde períodos milenares, talvez, através das reencarnações. Referindo-se a artistas geniais, assim se expressa Léon Denis no capítulo XXVI da sua obra *No invisível*:

> São homens, sim, em tudo que têm de terrestre, por suas fraquezas e paixões. Padecem todas as misérias da carne, as doçuras, as necessidades, os desejos materiais. O que, porém, os faz mais que homens, o que neles constitui o gênio, é essa acumulação dos tesouros do pensamento, essa lenta elaboração da inteligência e do sentimento através de inumeráveis existências, tudo isso fecundado pelo influxo, pela inspiração do Alto, por uma assídua comunhão com os planos superiores do Universo. O gênio, sob as mil formas que reveste, é uma colaboração com o invisível, uma assunção da alma humana à Divindade.

Por isso mesmo, muitos deles retornaram a reencarnações obscuras na própria Terra, após curto estágio no Além, assim acontecendo ao próprio Chopin, considerado "suicida inconsciente" na Espiritualidade, o qual se submeteu a uma nova existência, curta, humilde e apagada, mas triunfante e meritória para si próprio, depois da glória imortal com que presenteou o mundo. No momento, porém, podemos afirmar, convincentemente, graças a um convívio assíduo e fecundo com beneméritos amigos invisíveis, que os nobres artistas do passado, exceção feita de alguns poucos, se encontram reunidos na pátria espiritual, onde progridem e se habilitam para, em ocasião oportuna, voltarem em falanges brilhantes, a fim de viverem nas sociedades terrenas servindo à Arte, a qual, então, alcançará um inconcebível fastígio, como ao Amor, a que não serviram ainda, pois eles próprios têm feito tais confissões sempre que lhes é permitido confabular com os médiuns. Confessam, outrossim, o grande desgosto que os acompanha quando reconhecem que, no estado de encarnação, arrebatados pela Arte, esqueceram os caminhos luminosos conducentes à redenção espiritual, o que nos leva à conclusão de que a Arte, por si só, não redime ou santifica o artista. Ele necessitará, além dela, do cultivo do amor a Deus e ao próximo, da excelência de uma fé inquebrantável nos princípios divinos, pois a lei que do Todo-Poderoso emanou, para orientar o trajeto evolutivo das criaturas, não foi diferente para os artistas. Foi, sim, a mesma, invariável, eterna: *Amor a Deus sobre todas as coisas e ao próximo como a si mesmo.*

Não obstante, é fato observado que o verdadeiro artista, o artista enamorado do ideal da perfeição no Belo, ou gênio, e não apenas o artista mercenário, jamais carrega perversidade nos próprios atos. Naturalmente bondosos, parece que a comunhão constante com o Belo isenta-os da prática de perversões contra o próximo, e seus infortúnios, muitas vezes acres, e a dedicação ao grande ideal que alimentam, são levados em conta na Espiritualidade, concedendo-lhes méritos apreciáveis, sendo que a subsequente existência que alguns deles tiveram, escolhida voluntariamente e não imposta, conquanto obscura, não chegou a estabelecer expiação ou provação, mas testemunho honroso de um caráter leal a si mesmo, cuja consciência se inquietara pela falta do cumprimento de uns tantos deveres, de que se descuraram como gênios da Arte que foram, pois tudo indica que a Arte tanto empolga e arrebata o seu cultor que frequentemente o aparta dos caminhos da redenção, ou do amor a Deus e ao próximo.

* * *

Confessamos que somente começamos a nos interessar verdadeiramente por esse inconfundível gênio da Arte, que foi Frédéric Chopin, depois que, por meio da mediunidade, nos vimos surpreendidos pela sua presença espiritual. É bem verdade que, desde nossa infância, certas composições dele, ouvidas de vez em quando, reproduzidas em pianos da vizinhança, exerciam sobre nossa sensibilidade fortes impressões, extraindo da subconsciência algo comovente, que provocava as lágrimas do coração, a ansiedade singular de regressar a um local ignorado, cuja lembrança as barreiras corporais obstavam vir à superfície das recordações propriamente ditas, ansiedade que, algumas vezes, se transformava em verdadeira inquietação.

    Pelo ano de 1931, entretanto, na noite de 30 de junho, médium já desenvolvida, com a particularidade de nos afastarmos do cárcere corporal com muita lucidez, vivendo, assim, muito da vida espiritual, e dela nos recordando, por vezes, ao despertar do transe, deu-se o nosso primeiro encontro com a entidade desencarnada Frédéric Chopin. Nosso Espírito familiar Charles, que afirma ter vivido sua última existência terrena na época do grande artista (reinado de Luís Filipe, na França, na mesma época de Victor Hugo, Allan Kardec e outras eminentes figuras da Literatura, das Artes e da Filosofia), Charles deu-nos a conhecer, na data mencionada, um pungente drama a que assistira à mesma época, em Paris. Esse drama, ultimamente escrito pelo próprio Charles por meio de nossa faculdade mediúnica, foi dado a público, pela FEB, sob o nome de *Amor e ódio*. No ambiente espiritual inesquecível a que então fomos transportados, encontravam-se várias personagens, além do próprio Charles e da entidade "Gaston d'Aberville", figura principal daquela obra, a quem Charles conhecera pessoalmente em Paris; destacavam-se dentre elas Victor Hugo e Frédéric Chopin, que se deixara ver tocando em um piano de dimensões mais avantajadas do que o comum dos pianos que conhecemos.

    Observamos que o grande músico se apresentava elegantemente trajado, como para um concerto, e sua aparência, inteiramente humanizada, porque materializada, prestava-se à observação, impressionando a memória como sói acontecer na Terra, onde guardamos a recordação da indumentária usada pelos nossos amigos e comparsas da sociedade. Assim sendo, recordamo-nos de que as calças que trajava eram diferentes, no tom do colorido, da casaca, pois acusava nuança de azul mais pálido, estando como que salpicada, por gotas de orvalho, traduzindo, toda a indumentária, a delicadeza característica do plano espiritual, isto é, era visivelmente fluídica, ao passo que sobre toda a configuração do artista incidia um luzeiro azul, impressionante e lindo. À volta dele, enquanto tocava, tudo se transformava: em vez do local azul, florido, paradisíaco, em que nos achávamos a princípio, começavam a se esboçar, lentamente, até dominar toda a paisagem em derredor, pobres árvores da Terra, estradas tristes quais as que nos são comuns, campos de cultura de cereais, nostálgicos, como pincelados de tons amarelos e rústicos, destituídos daquela fecundidade vibratória própria dos ambientes fluídicos do Espaço, bosques torturados por algo indefinível, como contundidos vibratoriamente pelos malefícios terrestres, e casario modesto, lembrando pequena aldeia de padrão europeu. Tivemos a impressão de que fôramos insensivelmente transportados de regresso à Terra e que nos encontrávamos em local desconhecido.

Tão intensamente se impunha esse panorama à nossa perspectiva, que tivemos a sensação de caminhar por uma estrada que – tínhamos certeza – iria findar em local determinado. Era como a perspectiva apresentada num filme cinematográfico, com a particularidade, porém, de sugerir ao observador que ele se encontrava dentro da paisagem, em vez de a estar apreciando externamente.

Notando nossa estranheza, ou desejando, mais provavelmente, proporcionar elementos para estudos e meditações, Charles explicou:

— São paisagens da antiga Polônia, que ele gosta de recordar e reter, tornando-a presente, aprofundando-se mentalmente pelo passado... pois ainda é sensível à lembrança da casa paterna, ao seu antigo berço natal... Ele gosta da Terra... – o que mais uma vez indicará que os cenários fluídicos são realizações da mente de cada um ou de um agrupamento de pensamentos em harmonização de vontades, que se servem, para a efetivação do que desejam criar, do fluido radioso do éter sublimado, tal como nós, encarnados, nos servimos da matéria ao nosso dispor, na Terra, para as nossas realizações.

A partir dessa data, frequentemente nosso espírito era posto em contato com o dele, sempre sob a influência e a proteção de Charles, afigurando-se-nos que, ou foram ambos bons amigos aqui na Terra, quando encarnados, ou data do estágio espiritual a visível solidariedade que suas aparições e manifestações demonstram. E esse contato vem sendo, por assim dizer, ininterrupto, como o foi com o saudoso Camilo e demais amigos espirituais, quer favorecido pelo estado de desdobramento consciente da nossa personalidade espiritual, quer através de materializações muito nítidas durante a vigília. Por vezes, sua presença se revela apenas por meio do perfume. Assim sendo, deixa recender o aroma da violeta, às vezes também percebido por outrem. Esse aroma, porém, não tão espiritualizado como outros que o Além costuma oferecer aos médiuns, afigurou-se-nos, a princípio, trazer a particularidade da violeta colhida em dia chuvoso, pois dir-se-ia mesclado de um sutil cheiro de terra molhada. Mais tarde, porém, o próprio Chopin apresentou-se sorridente, e deu-nos a contemplar duas violetas acompanhadas de uma folha, rematando o gesto com a seguinte explicação:

— Não é cheiro de 'terra molhada'... mas da *folha* de violeta colhida em dia de chuva...

Ora, esse pormenor identifica sua presença, quando não se materializa, e o diferencia de qualquer outro Espírito, de Charles, por exemplo, que igualmente se revela por um mui sutil e espiritualizado perfume de violeta, mas sem o característico da folha molhada.

Não conseguimos, jamais, terminar a leitura de quaisquer narrativas da vida de Frédéric Chopin, embora o tivéssemos tentado almas vezes. Algo indefinível, que nos perturba e atormenta, impede-nos fazê-lo. Ignoramos, portanto, quase tudo acerca de sua passada vida, como ignoramos se ele, como homem, se perfumava com violeta. Se não se perfumava, perfuma-se hoje, na Espiritualidade, com essa essência. Pediu-nos, certa vez, que não lêssemos noticiário algum sobre sua personalidade humana, revelando, com isso, desgosto pelos comentários que o mundo ainda tece a respeito de certos aspectos de sua vida. Cremos que nenhum Espírito, genial ou não, vê com satisfação comentários ou biografias que tratem de alguns deslizes por ele cometidos durante o estado humano. Tantas mentes a lerem tais noticiários, tão variadas trocas de ideias, acerca dos seus passados atos, estabelecem correntes magneto-vibratórias poderosas, que têm a propriedade de atingi-los, avivando em suas potencialidades anímicas a lembrança de fatos passados que eles próprios desejariam esquecer. De outro lado, os amigos e comparsas de além-túmulo igualmente passarão a conhecer, por meio de tais processos, as mesmas particularidades, o que muito os desgosta, humilha e envergonha, não raro. Será, pois, como que um jornal, um comentário radiofônico que os difamassem publicamente, o que muito os constrange e entristece, sem falar no desgosto de constatar que as sucessivas gerações terrenas também conhecerão seus deslizes, de que tanto se arrependem, com a agravante, algumas vezes, de os imitarem no que praticaram de censurável. Assim, pois, os fatos que conhecemos da vida desse grande vulto são poucos, o que nos deixa mais liberdade para traçar estas páginas e submetê-las à apreciação daqueles que melhor os conheçam.

De outro modo, interessa-nos a experiência espírita que tudo isso representa, e é exatamente o que nos atrai em nossa convivência mediúnica com a entidade espiritual Frédéric Chopin. Dessa convivência temos colhido a observação de que, no Além, ele se mostra grandemente polido de maneiras, mesmo aristocrata, porém, tímido, desencorajado de transmitir mensagens escritas, porque, afirma quase infantilmente: "Só sei expressar-me por música..."

Mostra-se afetuoso e discreto, pouco expansivo e, geralmente, entristecido. Uma única vez vimo-lo sorrir. Esta última qualidade, a melancolia, parece ser predisposição natural do seu caráter e não motivada por provações ou recordações de vidas passadas. No entanto, já o vimos chorar copiosamente, recordando sua última existência terrestre.

Quando se deixa ver, não conseguimos conter as lágrimas, o que é compreensível, pois a presença real de um habitante do Invisível é sempre impressionante, e um médium não enfrentará um fenômeno dessa natureza sem lágrimas de muito grata emoção, sobretudo se tratando de entidade evoluída espiritualmente. Todavia, mesmo a presença de um obsessor, um suicida, se verdadeira, provocará igualmente lágrimas, pois a Verdade impõe-se com muita força, chocando sempre a nossa sensibilidade. E Frédéric Chopin nos tem suscitado lágrimas pela ternura com que nos trata, pela confiança que em nós deposita, o que, aliás, é comum no trato dos Espíritos amigos ou instrutores, para conosco.

* * *

No dia 3 de janeiro de 1957, ou na madrugada desse dia, verificou-se a mais positiva e curiosa manifestação de Frédéric Chopin, que tivemos a honra de espontaneamente obter, pois jamais temos provocado quaisquer das manifestações que recebemos, nem sequer desejando-as. Tais fatos, como os que passaremos a narrar, são, aliás, comuns nas atribuições de um médium, pois para isso recebeu ele o dom de intérprete do mundo invisível; do contrário não os citaríamos aqui, máxime por ser o manifestante um vulto que mais amado se torna quanto mais recuada fica a data em que viveu sobre a Terra.

Como de hábito, independente sempre da nossa vontade, tivemos o espírito arrebatado para um voo pelo Espaço, cuja finalidade se manteve velada ao nosso entendimento terreno até hoje, pois de coisa alguma conseguimos recordar-nos ao despertar. Apenas pudemos perceber que fôramos atraídos sob as injunções de Charles, pois que o víramos aproximar-se, distintamente, antes de lançar a descarga fluídica que nos levou a adormecer magneticamente, no transe que se seguiu. Ao regresso, porém, mal despertávamos, notamos estar acompanhados também por outra entidade, além de Charles, reconhecendo tratar-se de Frédéric Chopin, já nosso conhecido desde o ano de 1931. Totalmente despertos, mas ainda imobilizados sob a dormência da letargia, compreendemos que se acentuava a materialização das duas individualidades em apreço, pois jamais os amigos espirituais abandonam seus médiuns antes que se desfaça a ação melindrosa de um transe dessa natureza. Ao contrário, trazem-nos sempre até o aposento onde se encontra o corpo semimorto, ajudando-os na operação penosa de se reapossarem definitivamente do mesmo. No entanto, o amigo Chopin, sentando-se numa cadeira colocada em frente ao nosso leito, deixou-se materializar tão perfeitamente que apresentou todas as características humanas, enquanto, de pé, fluídico e transparente, levemente lucilante, com a sua indumentária de iniciado hindu, Charles como que assistiu, ou presidiu, o fenômeno, pois os iniciados gostam de provocar sempre, para os seus médiuns, fenômenos empolgantes, a fim de instruí-los, preferindo, contudo, as manifestações tipicamente espirituais.

Chopin entrou a narrar, então, os sofrimentos por que passou desde que se reconheceu irremediavelmente doente, atacado pela tuberculose. Disse da desolação que o dominou ante a impossibilidade de se dedicar aos trabalhos que pretendia levar a efeito, e aludiu às dificuldades financeiras que o afligiram, às humilhações e desgostos daí decorrentes, sem se referir, jamais, à sua grande amiga George Sand. Todavia, à proporção que narrava, evocando o próprio passado terreno, revivendo-o, em si mesmo, transformava-se: voltou àquela fase da sua existência, mostrou-se enfermo, tuberculoso, abatido, rouco, os olhos profundos e pisados, o peito arquejante, cansado pelo esforço da conversação. Vimo-lo tossir dolorosamente, expectorar, levar o lenço à boca, ter hemoptise![15] Vimo-lo suar e enxugar a fronte e o rosto, com o lenço, *e sentimos o seu hálito de doente do peito sem o devido trato!* Não mais um Espírito desencarnado, mas um homem gravemente enfermo, com todos os complexos do estado de encarnação! Chorava, revelando grande sofrimento moral, além do físico.

Assaltada, então, por um intenso e indefinível sentimento de angústia e compaixão, mas ainda meio atordoada pelas últimas gradações do transe, levantamo-nos do leito, ajoelhamo-nos diante dele e nos pusemos a chorar também, pois o médium canaliza para si todas as impressões

---

[15] N.E.: Expectoração de sangue proveniente dos pulmões, traqueia e brônquios, mais comumente observável na tuberculose pulmonar.

da entidade com que se comunica. Então, tínhamos os braços apoiados sobre seus joelhos e as mãos cruzadas como em prece, *e ele nos pareceu tão sólido e material como qualquer ser humano*. Dizia sentir febre e tocou nossas mãos com as suas, provando o que dizia: sentimos, com efeito, que aquelas mãos estavam quentes e úmidas, acusando temperatura elevada. Queixou-se de que tinha o estômago e os intestinos inchados e doloridos, devido à doença, a qual àqueles órgãos também afetara, e, ao dizê-lo, comprimia-os com as mãos.

O sofrimento que nos atingia era intenso e insuportável. Charles interveio, levantando-o docemente e furtando-o, e a si próprio, de nossa visão. Antes, porém, que se desfizesse de vez o fenômeno, tomamos de suas mãos e beijamo-las, exclamando: "Adeus, Fred!", pois esse é o tratamento que lhe damos sempre, durante os transes dessa natureza. Esse fenômeno deixou-nos entristecidos e abalados durante muitos dias.

De outra feita, isto é, a 10 de março de 1958, materializado plenamente à nossa frente, recordando seu estado humano, deixou-se contemplar muito agasalhado com roupa de lã e envolvido num pequeno cobertor, ou manta, que lhe tomava a cabeça e os ombros, emprestando-lhe aspecto feio. Dizia passar mal durante o inverno e no período das chuvas, e mostrou os pés, que estavam inchados, coisa difícil de um médium poder observar, os pés, em uma entidade desencarnada, mesmo quando materializada. Observamos novamente que suas calças eram de "tecido de lã azul", com a particularidade de mostrar pequenos pontos reluzentes em alto relevo, como gotas de orvalho, as meias também eram de lã, de cor branco-marfim, quase creme, e que usava chinelos muito grandes, arrastando-os ao caminhar, parecendo que não lhe pertenciam. Essa materialização, tão perfeita quanto a antecedente, fez-nos vê-lo sentar-se ao nosso lado, num divã. Sentimos o contato da sua presença, a impressão do calor natural a um corpo carnal, como se, realmente, se tratasse de uma pessoa humana que nos visitasse. Não nos recordamos, porém, de nenhuma conversação substancial, ou doutrinária, que tivéssemos. Jamais lhe perguntamos algo, e nunca somos os primeiros a falar, o que, de igual modo, acontece sempre que nos comunicamos com outros Espíritos. Note-se que a conversação assim realizada nunca se processa pela palavra enunciada, mas telepaticamente, o que é tanto ou mais eficiente do que o verbo falado, a tal ponto que *o médium distingue as vibrações de todos os seus guias e amigos espirituais, e reconhece-os como se se tratasse do tom vocal de cada um deles.*

É possível que durante a emancipação do nosso espírito pelo transe letárgico, ou desdobramento, tenhamos conversações substanciosas com esse encantador Espírito, mas, em vigília, nossos entendimentos são curtos, embora afetuosos e muito interessantes, servindo, geralmente, para identificá-lo. Pediu-nos, certa vez, muito delicadamente, que tomássemos um professor de música e aperfeiçoássemos o nosso conhecimento de piano, com fervor e vontade, porque, se assim fosse, afirmou ele: "Eu poderia realizar o que desejo, por seu intermédio. Então, dar-lhe-ia mensagens do gênero que mais me interessaria... pois somente me expressarei pela música..." Todavia, não sendo possível atendê-lo, porquanto sabemos que a Arte arrebata o espírito e julgamos serem outros os nossos compromissos com a Doutrina Espírita, resignamo-nos ao pesar de não satisfazer o desejo do querido amigo, nesse particular.

Asseverou-nos que sabia ser ele muito amado pelos brasileiros, o que particularmente o enternece. No entanto, observa que ninguém lhe dirige uma prece, e que necessita desse estímulo para as futuras tarefas que empreenderá, ao reencarnar, quando pretende servir a Deus e ao próximo, o que nunca fez por intermédio da música. Declarou que, salvo resoluções posteriores, pretende reencarnar no Brasil, país que futuramente muito auxiliará o triunfo moral das criaturas necessitadas de progresso, mas que tal acontecimento só se verificará do ano de 2000 em diante, quando descerá à Terra brilhante falange com o compromisso de levantar, moralizar e sublimar as Artes. Não poderá precisar a época exata. Só sabe que será depois do ano de 2000, e que a dita falange será como que capitaneada por Victor Hugo, Espírito experiente e orientador (a quem se acha ligado por afinidades espirituais seculares), capaz de executar missões dessa natureza.

* * *

Na Espiritualidade propriamente dita, Frédéric Chopin se apresenta assaz diferente da forma por que se deixa ver nas pesadas paragens terrenas. Tal como é ali, ou seja, no seu estado normal de Espírito, fluídico, leve, não se poderá mostrar na Terra. Será necessário então que o médium, em espírito, durante um desdobramento, possa ir até ele, desde que auxiliado ou "preparado" por seus guias espirituais. Esse fenômeno, conquanto difícil, não será impossível a qualquer médium, desde que se haja desprendido razoavelmente das atrações humanas para aliar vibrações com certos estados especiais do Invisível.

Charles proporcionou-nos, há cerca de dois anos, um desprendimento dessa categoria. Então, pudemos entrever o amigo Chopin "na glória do seu triunfo espiritual", como se expressam os instrutores do mundo invisível. Tivemos a impressão de nos encontrarmos, então, diante de um anjo, tal o encantamento que de sua individualidade irradiava. Lucilante, angelical, todo envolvido em jatos de luz azul feérica, pudemos contemplá-lo na plenitude da sua candura pessoal, da sua formosura moral: terno, afável, preocupado em ser amável, mas tímido e tristonho sempre, simples até o enternecimento. Diante de tão fulgurante visão espiritual, nosso espírito naturalmente curvou-se de joelhos e se desfez em lágrimas, pois nenhum médium contemplaria com indiferença um Espírito no seu verdadeiro elemento espiritual. Contudo, ele estava, ainda, trajado, e por mais que tal revelação contrarie o leitor, não nos será possível afirmar outra coisa, porquanto aqui nos propusemos revelar o que nossa faculdade mediúnica tem captado no além-túmulo, e foi isso, e não outra coisa, que conseguimos entrever. Notamos, pois, que se trajava como um elegante fidalgo do século XVIII: calções de seda azul até os joelhos, rebrilhantes, salpicados de gotas de orvalho; blusa de mangas amplas, ajustadas nos punhos, de cetim branco, brilhante, mas sem trazer o casaco clássico, da época. Não vimos os pés, porque o luzeiro azul que o envolvia como que os encobria. Compreendemos, então, que ele tivera uma existência ao tempo da Regência, na França, ou de Luís XV, na qual pertencera à nobreza, existência que lhe fora muito grata. Todo o seu aspecto irradiava vibrações reveladoras de um grande poeta, de um profundo pensador. Beijamos-lhe, como sempre, as mãos, que ele não negou estender, e de joelhos, e em lágrimas, despedimo-nos, como da primeira vez: "Adeus, Fred!"

Ainda na mesma oportunidade, afirmou o instrutor espiritual Charles que Frédéric Chopin seria a reencarnação do poeta romano Ovídio,[16] que viveu cerca de quarenta anos antes do Cristo, falecido no ano 16 da nossa era, e do pintor italiano Rafael Sanzio,[17] pois que o intelectual, o artista, na sua evolução pelo roteiro do saber, dentro da Arte, há de passar por todas as suas facetas, sublimando-se até a comunhão com o Divino. E que Espíritos como Chopin, Beethoven, Mozart, Bellini, Rossini etc., naturalmente bondosos, embora ainda não santificados ou plenamente redimidos, não têm grande necessidade da reencarnação, porque progredirão mesmo no Espaço – a habitação normal dos seres espirituais, a verdadeira pátria, como casa paterna; que vêm à Terra quando o desejam, e por uma especial solidariedade para com os humanos, a fim de estimularem entre estes o amor pelo Belo, pois que esse atributo, o Belo, é tão necessário às almas em progresso quanto o Amor, visto tratar-se também de um dos atributos do próprio Criador de Todas as Coisas, e que, sendo o Universo uma expressão da Beleza divina, e sendo o homem destinado a se tornar a imagem e a semelhança de Deus, deverá igualmente comungar com o Belo, a fim de poder compreender o Universo e com ele vibrar em toda a sua arrebatadora, feérica e harmoniosa beleza. No entanto, todos os grandes artistas e gênios consagrados ao Belo deverão passar, outrossim, pelos ásperos caminhos das experiências e dos testemunhos, embora muitas vezes sem o caráter expiatório, até que, como toda a Humanidade,

---

[16] N.E.: Publius Ovidius Naso (43 a.C.) foi um poeta latino, fácil e brilhante, amigo de Virgílio e de Horácio.

[17] N.E.: Rafael Sanzio (1483-1520), pintor, escultor e arquiteto italiano. O seu gênio reunia todas as qualidades: perfeição do desenho, vivacidade dos movimentos, harmonia das linhas, delicadeza do colorido. Deixou grande número de obras-primas. É considerado *o poeta da Pintura*, como Ovídio foi considerado *o músico da Poesia* e como Chopin é considerado *o poeta da Música*.

cumpram os ditames da *lei de amor a Deus e ao próximo*, a par da própria característica de intérpretes do Belo por meio das Artes.

Presentemente, essa Entidade se preocupa, na Espiritualidade, com um curso de Medicina Psíquica. Ela própria participou-nos o acontecimento, acrescentando que, por essa razão, não tem visitado a Terra com frequência, ultimamente. Ouvindo-a, perguntamos-lhe, então, com toda a naturalidade, como sói acontecer quando conversamos com qualquer amigo do mundo invisível:

— Quer dizer que... ao voltar à reencarnação será médium curador, talvez receitista?...

Sorriu satisfeita, e sacudiu a cabeça, afirmativamente.

— Então, não virá mais como artista?... – voltamos a indagar.

E a resposta veio, cheia de animação:

— Por que não poderei aliar as duas qualidades, se os artistas, muitas vezes, não passam de médiuns?... O problema estará na boa orientação da faculdade que se disponha... Nada me impede, entretanto, de continuar como artista nas reencarnações vindouras, pois não profanei as Artes nem cometi quaisquer deslizes nesse setor. Dependerá, apenas, do meu livre-arbítrio... Mas, no momento, o que me preocupa mais é o desejo de servir aos pequeninos e sofredores, aos quais nunca protegi. Em minhas passadas existências, apenas servi aos grandes da Terra. Futuramente, porém, será a vez dos humildes... E não desejo nem mesmo auferir proventos monetários, pessoais, da Música. As Artes, em geral, deverão ser praticadas gratuitamente, com amor e unção religiosa...

A nós próprios admirou a notícia inesperada e sugestiva, que não seria possível calar nestas páginas. Ele próprio, Frédéric Chopin, autorizou sua revelação, visitando-nos quando fazíamos o presente trabalho. E suas palavras foram, textualmente, as acima citadas.

    Eis, pois, o que espontaneamente – pois, repetimos, jamais solicitamos algo – o Invisível nos concedeu acerca de Frédéric Chopin, além de mais algumas informações que não julgamos interessantes para estas páginas. Não poderemos, é certo, provar com fatos concretos o noticiário de que nos vemos intérpretes, visto tratar-se de assunto transcendental, que atinge a categoria de revelação. Mas a Deus tomando por testemunho da sinceridade com que aqui nos externamos, deixamos aos nobres pesquisadores da Revelação o labor sagrado de obterem a confirmação lógica e insofismável do que fica exposto. Aliás, cumprimos apenas um dever de consciência, pois, se, como sabemos, a função da mediunidade é desvendar os segredos da morte, transmitir notícias do mundo invisível ao mundo terreno, nada mais fazemos, com efeito, do que desincumbir-nos de um dever, não guardando, avaramente, fragmentos da vida espiritual, a nós revelados, de um vulto que ao passar pela Terra a encantou com o seu gênio de artista e cuja imorredoura lembrança faz vibrar, ainda, o coração de quantos sintam na alma inclinações para as arrebatadoras expressões do Ideal sublimado no Belo.

Nas regiões inferiores...

13ª Então, poderia também [o Espírito] fazer uma substância alimentar? Suponhamos que tenha feito uma fruta, uma iguaria qualquer: se alguém pudesse comer a fruta ou a iguaria, ficaria saciado?

Ficaria, sim; mas não procures tanto para achar o que é tão fácil de compreender. Um raio de sol basta para tornar perceptíveis aos vossos órgãos grosseiros essas partículas materiais que enchem o espaço onde viveis. Não sabes que o ar contém vapores d'água? Condensa-os e os farás voltar ao estado normal. Priva-as de calor e eis que essas moléculas impalpáveis e invisíveis se tornarão um corpo sólido e bem sólido, e, assim, muitas outras substâncias de que os químicos tirarão maravilhas ainda mais espantosas. Simplesmente, o Espírito dispõe de instrumentos mais perfeitos do que os vossos: a vontade e a permissão de Deus.

(Allan Kardec. *O livro dos médiuns*. Segunda Parte, cap. VIII – "Do laboratório do mundo invisível", item 128.)

Nem sempre será dado ao médium, durante o desdobramento da sua individualidade espiritual, visitar as formosas estâncias fluídicas onde a paz e a beleza, a fraternidade e a luz, o consolo e a alegria revigoram o seu espírito para o prosseguimento da marcha terrena. Os deveres da mediunidade também o requisitam para os locais inferiores, antros de miséria e degradação localizados, às vezes, nos próprios perímetros terrenos, como nas suas regiões atmosféricas, onde se aglomeram entidades ainda inferiorizadas pelo erro e a materialidade, e aos quais, por isso mesmo, chamaremos *regiões inferiores*. Nesses locais, de que os bairros miseráveis de uma grande cidade darão ideia aproximada, exercerão os médiuns, acompanhados sempre de seus guias e instrutores espirituais, tarefas melindrosas nos setores da legítima fraternidade, podendo-se, mesmo, asseverar que nesse delicado exercício espiritual é que se acentua a significação da sua qualidade de médium, ou intermediário.

Esses agrupamentos de entidades desajustadas, aos quais se têm denominado *regiões inferiores*, por não se conhecer outro vocábulo que melhor os defina e retrate, tanto poderão existir no Espaço, dentro da densidade atmosférica, como na própria Terra, pois *estarão sempre onde se encontrarem as entidades que os compõem*, o que quer dizer que sua configuração poderá ser móvel. Suponhamos uma das favelas de má fama, aqui no Rio de Janeiro, cujos habitantes se mudassem, ora para Copacabana, ora para a Cinelândia, ora para Jacarepaguá ou para o Pão de Açúcar. Todos esses locais nada mais passariam a ser senão a *região trevosa* criada pelos hábitos inveterados dos favelados, por sua educação ínfima ou deficiente e suas vibrações e atos viciados, pois é sabido que cada um de nós carrega consigo próprio o seu inferno ou o seu paraíso. De forma idêntica serão as *regiões inferiores* do mundo invisível: criações mentais coletivas de entidades afins, que praticarão, além da morte, os mesmos hábitos e os mesmos atos a que se arraigaram no estado humano. E todos esses locais, assim construídos, ainda que se estabeleçam nos âmbitos da Terra, pertencerão sempre ao Invisível, mas não propriamente à Espiritualidade, pois esta implica a emancipação do Espírito das atrações da matéria, o domínio mental elevado ou superior, a ascensão a planos transcendentes do Infinito.

Devassando o invisível

A essas regiões, portanto, as inferiores, impulsionados pelos obreiros da Verdade incumbidos da missão do momento, servindo-lhes de porta-voz, representando-os, mesmo, porque interpretando-os para outrem, hão de os médiuns, para lá transportados em corpo espiritual, levar o consolo e a esperança, o esclarecimento e o estímulo às almas aflitas, mergulhadas no desalento ou no ostracismo, levantar-lhes o ânimo, expondo ao entendimento de cada uma as doçuras da Boa-Nova do Cristo; reanimar-lhes a coragem, ao influxo do entusiasmo que transborda dos seus próprios corações de crentes da verdade eterna, da ciência do Espírito, as quais a eles mesmos, médiuns, têm amparado diariamente, nos fogos dos testemunhos terrenos, pois que o fato de ser médium, de conviver com as entidades desencarnadas e conhecer certos segredos do Invisível, não exclui o imperativo das provações para que reencarnaram. De outro modo, ser médium não implica tão somente obter manifestações ostensivas de entidades elevadas ou inferiores do Invisível, no recinto de uma agremiação de experimentações espíritas, transmitir receituário e passes ou escrever belas páginas, para edificação geral, sob impulsão do Alto. Sua aptidão lhe confere também o dever de se consagrar a tarefas quiçá mais amplas e melindrosas, durante as horas de emancipação do seu espírito, por meio do sono natural, ou do letárgico, que seus guardiães gostarão de provocar, para que mais eficientes se tornem a liberdade e a desenvoltura indispensáveis à movimentação a realizar-se. Em geral, os médiuns se prestam a tais operações psíquicas, seja voluntariamente ou obrigados pelo império da irresistível lei a que se subordina a faculdade mediúnica, conquanto sejam preferidos, pelos instrutores e guias, os que acusam maior energia de caráter, adquirida e retemperada nas retortas das experiências pelo sofrimento. Todavia, é comum não se lembrarem de nada, ao despertar, a não ser que a pressão magnética elucidadora dos próprios guias a tanto os habilite, e, é claro, sempre para fins de utilidade geral.

Como os demais médiuns, portanto, desde nossa primeira juventude, vimos exercendo tarefas mediúnicas nas "regiões inferiores" do Invisível, onde a desgraça e a dor, a desordem e o vício, o opróbrio e a miséria, a maldade e o remorso, o ódio e a vingança, e até a licenciosidade e o crime lavram desequilíbrios mentais-vibratórios impossíveis de ser relatados a rigor, os quais, de tão intensos, se afigurariam inacreditáveis às mentalidades pouco afeitas a análises profundas sobre assuntos transcendentais. E porque os desprendimentos espirituais peculiares às nossas faculdades, por meio do transe letárgico, trazem a singularidade de permitir lembranças, por vezes minuciosas, do que nos é dado presenciar no Espaço, procuraremos descrever, nestas páginas, algo de nossas experiências, já que o fazemos ao sabor das intuições dos amigos espirituais que nos assistem e cumprindo, por sinal, suas próprias determinações.

* * *

Geralmente é a entidade radiosa Adolfo Bezerra de Menezes, o coração fraterno e generoso do médico que ainda hoje, na Espiritualidade, prefere clientela obscura e sofredora, quem nos arrebata o espírito para operosidades de ordem espiritual sobre os desencarnados, de ínfima classe, das sociedades invisíveis. Os mentores hindus preferem levar seus pupilos, geralmente discípulos espirituais, a regiões paradisíacas do Espaço, onde lhes proporcionam visões e panoramas de arrebatadora beleza, a título de estímulo para o progresso e lições preciosas, muito embora, para tais realizações, lhes exijam disciplinas tão severas que recordam o preparo austero da iniciação antiga. Não sabemos, no entanto, se tão dedicados amigos, ao se servirem dos médiuns encarnados para tais labores, têm como único intuito a instrução dos homens em geral e o auxílio ao progresso do próprio veículo mediúnico, o qual, desse modo, se beneficiaria de inestimáveis cabedais. Sabemos é que, frequentemente, somos levados a verdadeiros antros de trevas, para serviços de esclarecimento a respeito de pobres entidades sofredoras e endurecidas; que os instrutores sobre nós projetam intuições vigorosas, para distribuirmos o devido socorro, e que por essa forma transmitimos doutrinação, conselhos, advertências e até passes.

Há cerca de um ano, fomos arrebatados em espírito para visitação a entidades desencarnadas obsessoras, já em vias de arrependimento.

Porque fosse muito pronunciada a emancipação de nosso ser espiritual, pudemos observá-las, e ao panorama que as rodeava, com clareza suficiente para permitir o presente estudo. Detalhe importante: o médium jamais se admira, se assusta ou se perturba, ao penetrar a vida espiritual. Tudo se lhe afigura, então, natural, familiar, comum, como se habituado se encontrasse, de longa data, ao que vê, ao que faz e ao que assiste, o que vem provar que o Invisível é, com efeito, a verdadeira pátria de todos nós. Aquelas entidades visitadas, porém, se encontravam apavoradas ante as consequências do longo percurso pelos canais do crime, por elas vislumbradas em suas intuições, pois vinham todas, desde época recuada, servindo ao mal, não apenas no estado humano, terreno, mas ainda durante o estágio no plano invisível. Eram da mais horripilante categoria. E, defrontando-as, tivemos a impressão de que nos encontrávamos em presença de criaturas fantasiadas com "dominós" inteiramente negros,[18] com o respectivo capuz. De seu aspecto geral se desprendiam fealdade, baixeza de sentimentos e vibrações, grosseria, inferioridade, incapazes, todos, de impulsos voluntários para o progresso, mendigos espirituais, na absoluta dependência dos obreiros da Caridade, os quais, dominando a repulsa que poderiam sentir em presença de tão extrema miséria, os auxiliavam de boa mente, revigorando-lhes as forças para novas tentativas de recuperação e progresso. Verificamos que, em tais ocasiões, somos sempre vistos e compreendidos por essas entidades, mas que os instrutores, sob cuja tutela nos encontramos, jamais o são. Nós mesmos, nessas emergências, a estes entrevemos com dificuldade, certificando-nos de sua presença não tanto pela visão, mas por meio das vibrações por eles emitidas, à guisa de palavreado sonoro, a fim de recomendar os trabalhos a desenvolver, e por um sentimento indefinível de confiança e felicidade, uma sensação singular, espécie de intuição poderosa, que substitui a visão propriamente dita.

Eram cerca de dez as entidades então visitadas. Encontravam-se como aprisionadas em pequeno e miserável compartimento, em promiscuidade

---

[18] N.E.: Espécie de túnica ampla, comprida, que antigos carnavalescos usavam durante os folguedos do carnaval.

chocante. Haviam sido homens quando encarnados, conservando os seus Espíritos, agora, por isso mesmo, os característicos masculinos. Vibratoriamente, encontravam-se muito fracas, como alguém em convalescença de grave enfermidade, apavoradas, desencorajadas para o recurso da oração, porque ainda ímpios os seus sentimentos; temerosas de se verem em presença de Deus, porque certas da própria culpabilidade, atormentadas pelas visões alucinatórias dos crimes praticados. Essas visões, frutos das suas vibrações mentais, nós as víamos tão bem quanto elas próprias, infestando o perímetro em que permaneciam. Eram dramáticas: contendas, lutas corporais, assaltos, seduções de menores, roubos, assassínios, obsessões, suicídios! Ou obscenas, sórdidas, vis, maléficas, atrozes!

Desesperados, esses infelizes se debatiam, encobrindo os olhos com as mãos ou ocultando a cabeça com os braços, ou com os trapos que sempre encontravam ao alcance, na ingênua suposição de que, assim agindo, se furtariam ao horror das próprias ações passadas, a ecoarem nos refolhos da consciência, como se pirogravadas estivessem nas suas sensibilidades mentais; estiravam-se, chorando, em tumultuoso vozerio, sobre um como tablado imundo, em promiscuidade repulsiva; refugiavam-se por entre coberturas esfarrapadas, aos gritos e uivos de revolta e horror, quais verdadeiros loucos em momento de aflitivas crises; levantavam-se em seguida, sem jamais lograrem repouso, os olhos em fogo, dilatados como se tocados de assombro, os cabelos eriçados, o corpo (perispírito) tremente, como sacudido por violento nervosismo, os dentes cerrados como se dolorosos ataques epilépticos se anunciassem irremediáveis. Quanto às "vestes", quando não se apresentassem com os já mencionados "dominós" negros, eram rotas e imundas: empapadas de sangue ou de lama, a exibir as fases da putrefação cadavérica, ou de matérias asquerosas como o pus e o sangue putrefato. Um fétido nauseabundo e pestilento tresandava deles, repugnando também a nós outros, de início, para desaparecer, depois, da sensibilidade do nosso olfato. O solo do compartimento em que se detinham, espécie de quarto ou sala, de mui pequenas dimensões, com uma janela gradeada à esquerda e uma porta à direita, era tão imundo quanto eles próprios, igualmente empapado de sangue e humores fétidos, a tal ponto que os infelizes se horrorizavam de si mesmos, sentindo-se tolhidos, amesquinhados, incapazes de reagir contra tão miserável estado de coisas. A porta deitava para um pequeno terreno e permanecia aberta, permitindo passagem aos prisioneiros, caso desejassem sair. Ocorria, no entanto, um fato curioso: os pobres voluntariamente permaneciam naquele covil, presidiários de si mesmos, isto é, do próprio passado!

O terreno acima citado dividia-se em dois por uma cerca, que se nos afigurou construída em arame farpado. No trecho à esquerda, para o qual deitava a porta, erguia-se uma cobertura tosca, espécie de pequeno galpão, muito sólido aos nossos olhos, onde uma mulher de cor negra (Espírito desencarnado, voluntariamente materializado, em serviços de resgates ou beneficência), lembrando o tipo das antigas escravas africanas, ao tempo do Império, sorridente e simpática, deixando entrever certa luminosidade no seu envoltório perispirítico, parecia "cozinhar" para os "habitantes locais". Sentimos o aroma apetitoso da comida e espionamos: preparada em grandes tachos de cobre, como os que se usavam outrora para o fabrico doméstico da goiabada, afigurou-se ao nosso entendimento tratar-se de leguminosas e hortaliças, as quais se nos desenharam à visão como alfaces, tomates, cenouras, batatas, azeitonas, cebolas, em salada.[19] Esse local era agradável pela presença da negra, em quem, com efeito, reconhecemos Espírito operoso, pelos labores de vigilância a favor dos delinquentes confiados à sua guarda, como pela visão das iguarias, que nos pareciam saborosas. O quintal da direita, porém, dir-se-ia tétrico e singular cemitério, pois que do solo fétido e lodoso emergiam mãos humanas súplices, cabeças desgrenhadas, de olhos aterrorizados, bradando por socorro e piedade, cadáveres estirados, a se desfazerem em sangue e matérias putrefatas, que encharcavam a terra, e braços e pernas humanos dis-

---

[19] N.E.: Evidente é que, no panorama fluídico dessa cozinha, existia o trabalho mental realizado pela vontade da entidade espiritual responsável pela vigilância das entidades sofredoras, a qual teria sido, quando encarnada, alguma escrava ou serviçal encarregada de cozinhas terrenas. Pela ação da vontade sobre os fluidos e as matérias essenciais do mundo invisível, ela teria criado o panorama citado, para a caridosa assistência aos seus pupilos em precário estado de materialidade, pois é sabido que o Espírito possui liberdade de ação, no além-túmulo, para as tentativas a respeito da recuperação dos infelizes desajustados das normas ou leis espirituais.

persos por aqui e por ali; visão macabra, que perturbaria a mente do vidente, se para tais serviços o médium não fosse previamente fortalecido por assistência especial.

Ora, conhecedores da existência desse extravagante cemitério, os criminosos, apesar dos remorsos alucinadores, preferiam a permanência indefinida no pequeno compartimento a tentarem a fuga, pois sabiam que teriam de cruzar o cemitério e divisar, naqueles impressionantes despojos, as vítimas da sua maldade de homicidas e obsessores que haviam levado, igualmente, tantas criaturas incautas à prática de homicídios e ao suicídio.

À nossa chegada, um dos prisioneiros, exatamente daqueles trajados de "dominó" negro, aproximou-se, como que nos recebendo. Notamos que esse já não trazia capuz, sinal de melhoria de vibrações. Seu semblante, muito visível à nossa observação, indicaria um homem que houvesse falecido aos 50 anos, e mostrava-se branco marmóreo e infinitamente triste, como marmóreas se apresentavam também as mãos largas e compridas. Compreendemos que ele absolutamente não distinguia Bezerra de Menezes, mas somente a nós. Nenhum pavor ou sobressalto perturbou nossa confiança. Sentimo-nos antes possuídos de grande compaixão e desejo de auxiliar. Ele, porém, falou com voz e modos rudes e impertinentes, como pessoa de pouca educação:

— Tenho fome! Por que não me trazem um verdadeiro almoço?... Oh! há quanto tempo não posso comer!

Lágrimas lhe corriam dos olhos. O infeliz, materializado ainda e espiritualmente desajeitado e tardo, realmente sofria o suplício da fome!

Habituados aos costumes terrenos, que nos levam a servir um prato de comida a quem bate à nossa porta alegando fome, nosso impulso foi correr à "cozinha" e solicitar o favor àquela serviçal, atenta aos misteres culinários. Acedendo ao pedido, exclamou ela:

— Oxalá, minha amiga, hoje, com a vossa presença (referia-se igualmente a Bezerra de Menezes), o pobre pecador consiga serenidade bastante para compreender o que se passa e dispor-se ao progresso! Que ele realmente possa saciar a fome que o tortura e ver-se aliviado, eis o meu maior desejo!

Tomamos do prato, no qual se via um almoço belo e magnífico, com legumes cheirosos, e nos encaminhamos para o quarto, sem prever qualquer incidente, antes persuadidos de que a tortura do infeliz irmão seria de todo removida. O ex-obsessor arrebatou-o de nossas mãos, insofrido e faminto, e levou a colher à boca, sem mais rodeios, como o teria feito uma pessoa encarnada. Subitamente, porém, repudiou o prato com asco e horror, arremessando-o longe, e entrou a chorar e a lamentar-se entre uivos e imprecações de verdadeiro réprobo. Sem nos poder eximir a uma forte impressão de assombro, verificamos que os apetitosos legumes haviam desaparecido do prato, mas que, em seu lugar, espalhados em torno, viam-se postas de carne humana, línguas, mãos, dedos, orelhas, corações, pés, cabeças etc.!

Acudia a boa vigilante, compungida e explicativa, enquanto o réprobo se desfazia em prantos de demente e os companheiros de infortúnio procuravam esconder-se:

— São as recordações do caliginoso passado, alimentadas por cruciantes remorsos, que os levam a encontrar vestígios de suas vítimas onde quer que estejam e em tudo o que veem e fazem, sob a intensidade da autossugestão, que já descambou para uma desconcertante auto-obsessão. Todo o ambiente que distingues aqui, minha irmã, excetuando-se a cozinha, é criação mental vibratória destes dez criminosos, cujo caráter começa a ser desafogado das ondas da perversão, pelas dores do remorso! Não existe aqui cemitério nem prisão, como não há imundícies, na expressão formal do termo, tais como os entendem os encarnados. Eles, porém, criam e mantêm tal ambientação, concretizando-a, sem o saberem, com as próprias forças mentais, na retrospecção de atos passados, e vivem nela, dentro da mais positiva realidade, sem mesmo saberem avaliar a profundidade e importância do fenômeno que se estabelece. A própria fome que os tortura nada mais representa do que o estado de suas consciências feridas pelos atos passados: estes pobres sofredores de hoje, quando encarnados, assassinaram pais de família para roubar, e, como obsessores, uma vez desencarnados, levaram outros tantos ao suicídio, ao homicídio etc. Ora, muitas das suas vítimas deixaram viúvas e órfãos na miséria, padecendo necessidades extremas. Eles sabem disso... e, recordando os órfãos famintos, sentem o reflexo consciencial e padecem mil torturas e ultrajes, a fome inclusive, enquanto veem, em visões macabras, os despojos que suas armas assassinas levaram ao túmulo... A si próprios castigam, pois, com uma severidade satânica, uma justiça implacável! Porque foram obsessores, habituados a criarem sugestões infernais para atormentarem o próximo, *viciaram a própria mente em criações macabras e agora obsidiam a si próprios, originando, com toda a força mental própria do Espírito, este tétrico panorama, resultado do reflexo dos atos passados nas próprias vibrações da consciência.* Enredaram-se de tal forma nos delitos cometidos que agora veem, sentem e descobrem tudo quanto possa evocá-los e revivê-los! Não! Ninguém os castiga a não ser a consciência deles mesmos, desarmonizada com o Bem, na desoladora convicção, em que estão, de que muito e muito transgrediram as leis do Amor e da Fraternidade! Muitos caridosos filhos de Deus, mesmo da Terra, até eles vêm, em visitação piedosa, oferecer-lhes o reconforto de orações e conselhos amorosos, tentando aliviá-los da tensão opressiva em que se encontram e encorajá-los aos trabalhos do progresso, que serão árduos. Até agora, porém, não se animaram a atender a tão preciosos incentivos, bloqueados como se encontram pela complexidade deplorável dos próprios impasses. A reencarnação ser-lhes-á refrigério salutar, dado que, por ela protegidos, esquecerão, parcialmente, o tenebroso passado, daí advindo vigores novos e serenidade para os empreendimentos da expiação e do resgate. Certamente, compreenderás em que estado lamentável renascerão sobre a Terra, modelando um corpo carnal aos empuxões vibratórios das mentes doentias que presencias... Serão, inevitavelmente, auto-obsidiados incuráveis, desde o nascimento, pois, tanto atormentaram o próximo no pretérito, conforme dissemos, com o produto maléfico das próprias mentes, que o malefício, viciando-as, reduziu ao que vês as suas individualidades... Destes, minha amiga, infelizmente, encontra-se repleta a sociedade terrena... E que os Céus a todos nos ajudem a suportá-los, a amá-los e a servi-los, amparando-os no carreiro da reabilitação...

* * *

Entrementes, adviera ordem do generoso amigo Bezerra de Menezes, em cuja companhia nos encontrávamos, para que nos dirigíssemos ao "dominó negro", único dentre os dez algo acessível às nossas intenções, pois os restantes pareciam mal distinguir até mesmo a nós outros, apavorando-se com nossa presença.

— Fala-lhe! – ordenou Bezerra.

É raro que um médium, nessa situação, possa falar ao seu guia ou interrogá-lo, e ainda menos resistir às suas ordens. Geralmente, ele se conserva silencioso e passivo, a tudo obedecendo de boa mente e agindo como sob o efeito da hipnose. Acreditamos, mesmo, residir aí o segredo de certas atuações audazes dos médiuns, no estado letárgico e até mesmo em vigília: o seu guia espiritual impõe-lhe a hipnose e o leva a agir com obediência passiva, tal como no fenômeno, tão conhecido entre nós, em que o magnetizador dá uma ordem ao *sujet* e é obedecido, às vezes, um mês, ou mais, após o comando transmitido no transe hipnótico. Será, pois, o médium, principalmente no estado letárgico, um autômato, servindo ao verdadeiro servo do Amor; é uma vontade dominada por outra vontade maior, um ser confiante que nada teme e cujas impressões de felicidade espiritual são indescritíveis e indefiníveis. Todavia, assustados pela ideia de falar a um obsessor de tal natureza, os quais geralmente odeiam os médiuns, porque são estes que os desmascaram, ousamos interrogar o nobre Instrutor:

— Que lhe direi?...

Não sabemos se o guardião respondeu à nossa impertinência, pois não nos recordamos da resposta. Talvez a pergunta fosse dirigida a nós mesmos, e não a Bezerra de Menezes. Sabemos somente que nos aproximamos, confiantes, do infeliz culpado, que descansamos a mão sobre sua cabeça, e o interpelamos:

— Por que choras, filho?...

Sincera compaixão invadia nossa alma. Sentíamo-nos envolvidos por singular doçura, e todo o nosso ser era uma terna vibração de fraternidade. Aquele ser, tão desagradável pelos próprios erros, afigurou-se-nos, de súbito, um irmão muito querido, uma criança ignorante e infeliz, a quem devíamos proteção e amor. Mas estamos convencidos de que tais sentimentos e impressões mais não seriam do que os amorosos reflexos da superioridade moral do dedicado Instrutor, que de nossas faculdades se utilizava para destilar o consolo e a esperança no ânimo apoucado do pecador. Ouvindo-nos, voltou-se aquele e respondeu, já agora com humildade e desânimo:

— Tenho fome... mas não posso comer... e sofro muito...

— Isso prova, meu amigo, que o alimento de que careces não será bem esse, mas um outro, de natureza diversa, que esqueces de desejar e solicitar... É a prece! O pão do Céu, que descerá, até as tuas necessidades, do amor generoso de Jesus Cristo, a fim de te reconfortar, saciando as ânsias do teu desespero...

— Não! Esse pão eu não posso desejar! Sou um miserável, desgraçado demais para elevar tão alto os meus desejos... e a mim, certamente, seria negado esse pão...

— Mas... foi para os pecadores como tu, de preferência, que Jesus se apresentou em nosso círculo de progresso, ou seja, em nosso mundo...

Os pecadores e os réus obterão de sua complacência todo o auxílio possível para se reerguerem em demanda dos caminhos do dever, bastando que, para tanto, o invoquem por meio da oração bem sentida, demonstrando boa vontade para a regeneração...

— Como poderei serenar-me, para algo tentar em meu próprio benefício, se me sinto completamente subjugado por estas malditas visões, que esvoaçam ao redor de mim quais vampiros sobre detritos?... Oh! estarei condenado a este inferno eterno! Para os meus crimes não existirá perdão na lei de...

— ... de Deus, dize, confiante! Pronuncia sem temor o nome sagrado!

— Não posso pronunciá-lo! Tenho medo! Tenho medo! – bradou o infeliz, recomeçando a chorar convulsivamente.

— Como assim!? – ressoaram as advertências do amigo presente, obrigando-nos ao entendimento com o mísero delinquente. – És filho de Deus e não queres reconhecer sua paternidade, voltando-te para Ele, a lhe solicitar socorro? És criação dele, herdeiro do seu amor, destinado a um esplendoroso porvir no seio da Eternidade, e não te animas a elevar o pensamento ao teu Criador, sequer por uma singela homenagem de respeito? Não queres, porventura, o seu amor, o seu perdão? Sim! Sim! Eleva teu coração numa súplica de proteção, para retornares ao dever... e Jesus, que é o Mestre da Humanidade, investido, por Deus, de plenos poderes para o auxílio à nossa redenção, saberá enviar-te os recursos que te afastarão desse tremedal de trevas em que te sufocas...

O recalcitrante prostrou-se de joelhos, abatido por lágrimas cruciantes, que ecoavam em nossa sensibilidade mediúnica com o travo de um arrependimento inconsolável, angustiando-nos penosamente:

— Não posso, não ouso! Sou um réprobo, que não merece a graça do perdão!...

— Meu amigo! Compreendo que fazes uma falsa ideia do perdão que Deus concede às suas criaturas, para retirá-las dos despenhadeiros do erro e do sofrimento. Entretanto, esse perdão, pelo Eterno concedido aos pecadores, que somos todos nós, e não somente tu, encontra-se no ensejo, na oportunidade, que suas Leis apresentam ao delinquente, de reparar o mal praticado no passado, por meio da prática do verdadeiro bem nos dias do futuro. Nos trabalhos de reparação, realizados por ti mesmo em benefício do teu próximo, portanto, em teu próprio benefício, poderás reabilitar-te do estado pecaminoso e deplorável em que te encontras! Não se trata de um perdão gracioso, que não te expungiria as culpas da consciência, mas sim de uma ocasião, uma oportunidade de reparares teus maus atos, com ações nobres e meritórias, que te levem a esquecer dos primeiros... Trazemos-te, como sempre, hoje, a certeza de que possuis amigos que te auxiliarão com a maior dedicação nesse serviço de soerguimento de ti mesmo, para o culto do dever... Basta que os aceites de boa mente e os chames por meio de pensamentos igualmente amorosos, fraternos e obedientes a Deus... Voltaremos a visitar-te, em outra ocasião... Até lá, reflete melhor... para que nos seja possível um entendimento mais amplo, em teu benefício...

* * *

Retornando ao fardo carnal, sempre sob a assistência do dedicado amigo, que jamais deixaria seus médiuns entregues às aventuras perigosas do mundo invisível, durante um desprendimento letárgico, lembramo-nos ainda de que ia ele dizendo, completando a lição do momento, e ordenando-nos, como sempre, que tudo escrevêssemos, para ensinamento geral:[20]

---

[20] Nota da médium: Quando, no estado letárgico, o médium recebe uma ordem do seu instrutor espiritual, verifica-se a sugestão hipnótica, que ele será levado, fatalmente, a executar, uma vez desperto. Agindo ao influxo do comando recebido, como no caso presente, o médium escreverá posteriormente, mas o trabalho será mediúnico, de qualquer forma, visto que já lhe imprimiram no ser o que deveria escrever, embora não haja propriamente a psicografia. Esta faculdade mostra-se, por isso mesmo, assaz delicada, e mesmo perigosa, pois, quando a hipnose é exercida por entidades mal-intencionadas, ou obsessoras, o "passivo" poderá cometer desatinos variados, como até mesmo o assassínio e o suicídio, sem que jamais se saiba que ele agiu por uma ordem estranha. O conhecimento do Espiritismo, porém, bem assim o cultivo das faculdades mediúnicas à luz de ensinamentos sólidos

1º – Que estados espirituais (mentais-vibratórios), como os referidos nesta narrativa, geralmente são insolúveis no Além, porquanto, ainda que a entidade culpada permanecesse no Espaço durante séculos, necessitaria, de qualquer forma, e em qualquer tempo, de uma ou mais reencarnações sobre a Terra, uma vez que esse será o mais eficiente recurso concedido pelas leis eternas, a fim de tentar novas experiências para a corrigenda dos vícios, dos desvios mentais, das vibrações, dos sentimentos, dos hábitos, das ações, por meio das expiações e reparações necessárias, expiações e reparações que ao culpado acompanharão como resultado lógico dos feitos passados, como repercussão moral da desarmonia com a Justiça e o Dever.

2º – Que tais existências primarão pelas desventuras, visto que, divorciados do bem desde um passado remoto, tais entidades por si mesmas prepararam situações irremediáveis, como tantas observadas nas sociedades terrenas, nas quais a miséria, a dor e a desgraça desafiam toda possibilidade de suavização.

3º – Que, às vezes, almas muito culpadas poderão ingressar em níveis sociais algo elevados, desde que reencarnadas entre devedores de idênticos desatinos, ou entre corações generosos que se prontificam a auxiliá-las, pelo amor de Deus, renascendo então, como seria de esperar, enfermiças, nervosas, retardadas, auto-obsidiadas etc., pois, psiquicamente enfermas, suas mentes estenderão até o novo envoltório carnal os prejuízos ocasionados pelo pretérito de erros e de remorsos, verdadeiros pesadelos seculares para o delinquente em trabalho de recuperação.

4º – Que assim se arrastarão até que suas condições gerais lhes granjeiem valores pessoais bastantes para as responsabilidades das realizações, quando, então, entrarão a construir no sentido do bem, refazendo o que destruíram e aviltaram, conluiados com o mal.

---

de moral, evitarão tais desarmonias, pois, reeducando o adepto, coloca o médium na situação de um agente lúcido, responsável pelas próprias tarefas. A melhor oratória que já nos foi dado praticar em tribunas de Centros Espíritas não passou de fenômeno mediúnico dessa natureza.

5º – Que tais dramas, comumente, terão por palco a própria Terra, visto que, se em seus âmbitos sobrevieram as quedas para o mal, igualmente aí se efetivará a ascensão para o melhor, por mais fácil a tarefa para o culpado e menos penosa a assistência a ele devida pelos seus tutelares, pois que as Leis divinas aplicam, quanto possível, a sua misericórdia nesses lamentáveis casos.

6º – E, por tudo isso, para que um serviço de saneamento moral, equilibrado e eficiente, se imponha nas sociedades terrenas, trazendo termo às desordens e anomalias nelas reinantes, a fim de que o planeta se eleve à categoria de mundo regenerador – conforme definiu a Revelação Espírita –, é que os servos do Senhor, da Espiritualidade, se multiplicam em dedicações para a propagação, na Terra como no Espaço, da moral evangélica e da Ciência do mundo invisível, únicas vias capazes de levarem o sentimento e a razão da alma humana a uma remodelação geral de si mesma, cumprindo, portanto, aos adeptos encarnados da Terceira Revelação incentivarem os próprios labores no sentido de uma estreita cooperação com aqueles, sob a forma que a cada um for possível, nem que seja somente com o trabalho amoroso da prece, pois que será, esta, poderoso auxílio para o progresso das almas necessitadas de forças para a reabilitação.

Já à frente do corpo carnal, estirado, semimorto, sobre o leito, interrogamos ousadamente da nobre Entidade protetora, o que, conforme anotamos, não é frequente o médium tentar:

— E os pecadores a quem visitamos... Eles se alimentam realmente, conforme o entendimento humano?... Que se me afigurou, ali, o delicado almoço, uma vez que este será mero produto físico-terreno?

Acariciou-nos paternalmente a cabeça, como lhe é antigo hábito, e, impelindo-nos docemente para o retorno à vida corporal, despertando-nos da letargia, respondeu sorridente e bondoso, recordando o diapasão da resposta do Mestre nazareno às indagações do senador Nicodemos, que o visitara dentro da noite:

— Oh! tu te dizes espírita e médium e desconheces tão importante tese doutrinária?... Não leste, porventura, os códigos compilados por Allan Kardec, há um século dados à luz da publicidade?... Procura relê-los, com atenção, e encontrarás resposta à pergunta feita... De outro modo, por acréscimo de misericórdia concedida pela lei da Criação aos sofredores e desajustados espirituais, teremos o direito de prover certas necessidades imaginárias que, como Espírito, já não poderão sentir, mas que a mente conserva, pelo seu retardamento evolutivo... E o faremos de bom grado, até que se reequilibrem as suas impressões, reconfortando-os, serenando-os, para o advento do verdadeiro raciocínio, de que resultará a adaptação ao estado espiritual...[21]

No dia seguinte, impressionados, iniciávamos novas consultas às citadas obras, à procura de uma base para o que se acabava de passar... e, encontramos, com efeito, resposta à pergunta feita ao desvelado Instrutor e, também, a tese para estas páginas...

---

[21] N.E.: Vejam-se, também, as obras de Ernesto Bozzano.

Mistificadores-obsessores

95. O invólucro semimaterial do Espírito tem formas determinadas e pode ser perceptível?

Tem a forma que o Espírito queira. É assim que este vos aparece algumas vezes, quer em sonho, quer no estado de vigília, e que pode tomar forma visível, mesmo palpável.

(Allan Kardec. *O livro dos espíritos,* q. 95)

Tão variada é a classe das entidades mistificadoras desencarnadas, que chega a haver confusão com a das entidades obsessoras, tornando-se difícil, em determinados casos, separar uma da outra. Procuraremos tratar aqui de uma modalidade de mistificadores que poderá também ser considerada especialidade de obsessores, visto que participa de uns e de outros.

Mistificar é, na palavra dos dicionários, o ato de – *enganar, iludir, lograr, abusar da credulidade de alguém, engodar* –, valendo-se de ardis e subterfúgios, malícia e mesmo maldade. Existem os mistificadores *inofensivos, brincalhões* apenas, que levam o tempo alegremente, se bem que também levianamente, cujas ociosidades e futilidades só a si mesmo prejudicam, e que todos consideram irresponsáveis quais crianças travessas, e a quem ninguém levará a sério. Na Terra como no Espaço, eles proliferam, sem realmente prejudicar senão a si próprios. Existem os hipócritas, perigosos, portanto, que sabem enganar porque se rodeiam de falsa seriedade, a qual mantêm, apoiados em certa firmeza de lógica, e a quem somente observadores muito prudentes saberão descobrir. Na Terra como no Espaço, proliferam também esses, quer encarnados como homens, quer como Espíritos já desencarnados, causando no seio das duas sociedades sérios desequilíbrios e danos vultosos, não raro desorganizando a vida e os feitos dos incautos que se deixam embair pelas suas atitudes dúbias. Dentro do Espiritismo, costumam estes, os desencarnados, causar sérios prejuízos aos médiuns orgulhosos insubmissos à disciplina em geral, que a boa prática da Doutrina recomenda, e também entre diretores de organizações espíritas pouco competentes, moral e intelectualmente, para o importante mister. Suas atitudes mistificadoras, porém, serão facilmente observadas e desmascaradas por um adepto prudente, bom conhecedor do terreno prático da Doutrina, como da sua filosofia, e, acima de tudo, por alguém que, portador de qualidades morais elevadas, se haja tornado bem inspirado e assistido pelos planos superiores do Invisível, pois de tudo isso mesmo nos adverte o estudo da Doutrina Espírita. Muito conhecidas são ambas as classes de mistificadores para que nos ocupemos a repetir o que todo aprendiz do Espiritismo conhece.

Há, todavia, ainda uma terceira classe, a mais impressionante que se nos tem deparado no longo exercício da nossa mediunidade, a mais perturbadora, perigosa e difícil de ser combatida, porque geralmente ignorada sua existência pelos próprios adeptos do Espiritismo, e a qual age de preferência nas próprias paisagens invisíveis, em torno de entidades desencarnadas não devidamente moralizadas, mas também podendo interferir na vida dos encarnados, prejudicando-os e até os levando aos estados alucinatórios ou mesmo ao estado de obsessão, pelo simples prazer de praticar o mal, divertindo-se. Tais entidades são perversas, enquanto que as simplesmente mistificadoras nem sempre se apresentam verdadeiramente malvadas. Obtêm aquelas resultados satisfatórios, na torpe tarefa de perseguição e engodo, contra pessoas que, com a devida confiança, não exerçam a oração e a vigilância mental de cada dia, como defesa contra males psíquicos, as quais atraem para seus detestáveis agrupamentos espirituais durante o sono corporal, e também contra Espíritos desencarnados frágeis, revoltados, descrentes ou levianos, que a tempo não se harmonizaram com o dever, o que lhes evitaria tais situações após o decesso corporal.

Geralmente, esses a quem aqui denominamos mistificadores-obsessores não foram inimigos das suas vítimas através das existências, nem mesmo as conheceram anteriormente, às mais das vezes. Se exercem a perseguição e o assédio, alcançando funestos êxitos, será porque *encontram campo aberto para suas operações nos sentimentos bastardos das mesmas, afinidades morais e mentais de má categoria, naqueles a quem se agarram*, tornando-se, então, para estes, tais acontecimentos, o prêmio-castigo da sua incúria na prática de ações reformadoras, ou da má vontade em se voltarem para os aspectos superiores da vida. A encarnados e desencarnados que lhes ofereçam, pois, afinidades, essas desagradáveis criaturas invisíveis frequentemente desgraçam, impelindo-as a desastrosas ações, até mesmo nos setores da decência dos costumes, cujas consequências, sempre lamentáveis, requererão, daqueles que se deixarem embair por suas artimanhas, longos períodos de sofrimento e reparações inapeláveis, muitas vezes por reencarnações amargurosas.

O leitor que, atento, perlustrar as páginas de algumas obras doutrinárias, mormente as psicografadas, há de observar citações sobre falanges inferiores do mundo invisível, que afligem e perturbam os recém-desencarnados desprevenidos, falanges cujos integrantes seriam vultos disformes, grotescos, extravagantes, e cujas configurações e ações pareceriam fruto de pesadelos àqueles que não se afinam com as blandícias da Espiritualidade. Provocam-nos, seduzem-nos, aterrorizam-nos, criando mil fantasmagorias que às pobres vítimas parecerão alucinações diabólicas, das mesmas se servindo, ainda, como joguetes para a realização de caprichos, maldades e até obscenidades. Comumente, queixam-se os suicidas de tais falanges, cujo assalto lhes agrava, no pélago de males para onde o suicídio os atirou, o seu já insuportável suplício. E nas sessões práticas, ou mediúnicas, da Doutrina Espírita, quando bem organizadas e dirigidas, não é difícil ouvirem-se queixas idênticas da parte de Espíritos comunicantes muito inferiores, ou ainda de suicidas.

Que aspecto mostrariam essas entidades, porém, para serem consideradas tão feias e repulsivas, por todos quantos a elas se referem, revelando-as aos homens?... Que espécie de deformidades, para torturarem até a loucura um recém-desencarnado ou a um homem, a este, porém, perseguindo de preferência no estado de sono, até o extremo de uma obsessão?...

Confessamos que tais cogitações jamais nos preocuparam e, por isso, nossa atenção não se voltaria para o assunto se nossos próprios guias espirituais para ele não nos despertassem o interesse, embora já tivéssemos notícias da sua existência no mundo invisível. Ora, foi uma dessas falanges estranhas, surpreendentes, extravagantes, que nosso instrutor espiritual Charles nos levou a conhecer e examinar durante certo desprendimento sob a ação letárgica, em memorável lição, que aqui tentaremos descrever por sua ordem e sob suas intuições vigorosas, na noite de 18 de março de 1958.

* * *

Uma de nossas parentas, menina de 10 anos, justamente a caçula dentre seis irmãos, acusava anormalidades nos modos comuns a uma criança, anormalidades que uma razão esclarecida em assuntos espíritas compreenderia provirem de influenciações da parte de seres desencarnados inferiores. Caracterizavam-se os seus modos por trejeitos cômicos, carantonhas horríveis, palavreado piegas ou atrevido, desagradável, tolo, que a todos da família irritava e aos estranhos escandalizava, e tornando necessária toda a paciência e boa vontade, que a Doutrina Espírita recomenda, para que se pudesse suportar tal estado de coisas, pois, além do mais, a dita criança se rebelava contra qualquer disciplina, desobedecendo a tudo, renitente, odiosa, dando mesmo impressão de se encontrar desequilibrada das faculdades mentais. Tentaram-se castigos variados, sem serem esquecidas as clássicas sovas de chinelos. Tais, porém, os escândalos por ela provocados nessas ocasiões, tais cenas se desenrolavam, então, dentro do lar, com repercussões desagradáveis até pela vizinhança, que substituída foi a prática dos castigos pela de conselhos, amabilidades, persuasão etc. A criança, no entanto, resistia irritantemente a todas as afabilidades, como resistira aos castigos, rejeitava a prece e os "passes" que lhe desejavam aplicar, continuando com as mesmas atitudes impertinentes. Fora das crises, no entanto, mostrava-se perfeitamente normal: conversava com inteligência e demonstrava até precocidade, e era aplicada nos estudos, com boas notas no curso primário que então concluía. Consultou-se, por isso mesmo, o Espaço, como seria natural em família espírita, e o Espírito Charles, desvelado amigo e instrutor espiritual da família, após prescrever medicamentação para o sistema nervoso da paciente, afirmou sem rebuço:

— Ela afinou-se com entidades inferiores durante o estágio no Espaço, antes da reencarnação. Arrependimento sincero, porém, levou-a, a tempo, a se retrair das mesmas, e desejar encaminhar-se para melhores planos. É médium, ou antes, possui faculdades mediúnicas, que futuramente poderão frutificar generosamente, a serviço do próximo, se bem cultivadas. Os antigos companheiros do Invisível assediam-na, tentando reavê-la para o sabor de velhos conluios. Conheceis o remédio para tais desarmonias. Aplicai-o!

Sim! O remédio único seria o trabalho de reeducação da menina à base do Evangelho, preces, paciência, vigilância, amor, disciplina rigorosa, sem concessões que redundassem em cumplicidade com caprichos prejudiciais, fraternidade e caridoso interesse para com os infelizes sedutores desencarnados. Na noite de 18 de março de 1958, no entanto, encontrando-nos, durante uma temporada, na residência daqueles nossos familiares, eis que a figuração espiritual de Charles, envolvida na sua luminosa e bela roupagem de iniciado hindu, apresentou-se à nossa visão e, adormecendo-nos em sono magnético, como habitualmente, arrebatou nosso espírito, deixando o corpo carnal imerso em letargia. Passado o primeiro atordoamento, fenômeno invariável nesse gênero de desprendimento, nós nos reconhecemos no recinto da própria residência da paciente, sem alçar ao Espaço, acompanhados pelo nobre amigo, *mas rodeados de seres disformes, extravagantes, feios, grotescos, repulsivos*. E Charles apresentava-os:

— São estes os antigos companheiros da menina B..., durante seu estágio no Invisível, antes da reencarnação presente. Pertencem a uma classe especial de mistificadores, a qual descai para a de obsessores... Não são inimigos dela, segundo a terminologia humana, e nem se vingam, porque ela nenhum mal cometeu contra eles... Porém, não são também amigos, porquanto não o são de quem quer que seja, visto que ainda não adquiriram o senso da fraternidade nem a favor de si próprios... Simplesmente, seduziram-na, quando no Espaço... e ela, inconsequente, leviana, prazenteira, sedenta de novas sensações e – por que não dizê-lo? – inferior, carente de ideais generosos que a impelissem para o Alto, mas também sem maldade, deixou-se embair pelas suas mistificações e engodos e afinou-se com eles, no simples intuito de se divertir, supondo-os inofensivos, tal como o homem folgazão que se mistura a um bando de carnavalescos a fim de se distrair das preocupações fatigantes, sem medir quaisquer consequências. Com o tempo, no entanto, verificou o erro que cometera e retraiu-se, procurando, na prece, o auxílio, que lhe não faltou... E asilou-se entre vós, reencarnada, como se o fizera no seio de um reformatório onde se reeducasse, impulsionando-se para progressos novos. Observa-os... Eles não veem a mim, mas a ti somente... e, quais crianças travessas, exibirão suas peraltices, as quais eles próprios julgam irresistíveis, pensando em seduzir-te para seu bando...

Revelou, então, Charles, a identidade espiritual da menina em questão, a qual existira, ainda neste século, no ambiente doméstico que fora o nosso próprio, porém, sem laços consanguíneos, e durante nossa infância, proibindo, todavia, revelássemos seu antigo nome e condição a quem quer que seja.

Entrementes, as entidades em apreço iam e vinham pela casa, ocultavam-se umas das outras atrás das portas, por baixo das mesas e das cadeiras, como quem brincasse de esconde-esconde; batiam-se mutuamente, com socos e pontapés violentos, pavorosos, o que as levava *a gritar e chorar*; davam saltos altíssimos, como se fossem acrobatas, cabriolavam, faziam piruetas de todos os modelos, caminhavam sobre as mãos, com os pés voltados para cima, quais palhaços no picadeiro de um circo de diversões; penduravam-se às bandeiras das portas, rindo-se às gargalhadas, num bulício ensurdecedor, o qual ouvíamos como se se tratasse de rumores materiais, pregavam dentadas umas nas outras, puxavam-se os respectivos cabelos, aos berros, cuspinhavam-se reciprocamente, quais moleques que brigassem; choravam de dor, corriam atrás do agressor, esbofeteando-se mutuamente! Vestiam-se grotescamente e eram como que carnavalescos fantasiados: vestes extravagantes, de cores muito vivas, bimbalhando guizos quais bufões medievais, algumas berrantemente listradas, outras apresentando blusões ou camisolões excessivamente grandes no corpo, enquanto ainda outras, com calções curtos e muito apertados, deixavam à mostra pernas marmóreas e como que ressequidas, verdadeiros caniços; ou, muito grossas, revestidas de meias berrantes, tortas, deformadas. Suas cabeleiras dir-se-iam postiças: excessivamente abundantes, caindo em manto pelas costas e ombros e semiocultando o rosto; ou curtas, excessivamente ralas, mas endurecidas, como revestidas de arame; ruivas, eriçadas para cima ou para os lados, até o horrível; negras, amarelas, roxas, vermelhas, verdes... o que, ajuntado à indumentária extravagante, as tornava verdadeiros fantasmas assombradores! Algumas dessas pobres entidades traziam capas escarlates recamadas de guizos, ou listradas em cores vivas, pés enormes, calçados de botas ou sapatos muito pontudos – coisa rara de se poder observar em Espíritos desencarnados, mesmo em estado de transe – e tocavam flautins muito primitivos e pequenas gaitas, próprias de crianças; dançavam desagradavelmente, notando-se que o faziam com ares de provocação, mostrando na fisionomia trejeitos e esgares, carantonhas horripilantes à guisa de sorrisos. Trajava, uma delas, manto roxo, exibindo cabeleira até os ombros, encaracolada, coroa de espinhos e um caniço nas mãos, displicentemente parodiando a imagem do "Senhor dos Passos" observada nas procissões do culto católico, e o fazia usando sapatos desmedidamente grandes e semblante grotescamente compungido. Outras entidades se apresentavam com gorros, becas, funis com borlas pendentes ou faixas de fitas, chapéus de três bicos, com abas enormes ou copas excessivamente altas, exatamente como gostariam de ostentar os carnavalescos humanos. Acreditamos, mesmo, que tais falanges influenciam, durante o carnaval, os incautos que se deixam arrastar pelas paixões de Momo, impelindo-os a excessos lamentáveis, comuns por essa época do ano, e por meio dos quais eles próprios, Espíritos, se locupletam de todos os gozos e desmandos materiais, valendo-se, para tanto, das vibrações viciadas e contaminadas de impurezas dos mesmos adeptos de Momo, aos quais se agarram.

Algumas dessas feias criaturas espirituais traziam uma feição ainda mais singular, completamente impossível a um cérebro humano engendrar, a qual seria, antes de tudo, grotesca e cômica, não fora a dramaticidade que, em essência, conserva, com a possibilidade de levar à loucura alucinatória não apenas os Espíritos recém-desencarnados que caem em suas garras, no além-túmulo, mas também pessoas encarnadas, que por elas se deixem influenciar, até a possibilidade de enxergá-las com frequência e plenamente se afinarem, por isso mesmo, com suas vibrações. Mostrava-se uma delas excessivamente alta, roliça, qual tronco de árvore. De certa altura saíam os braços, que mais pareciam longas tiras de cipó, e que se moviam em reviravoltas, como os tentáculos de um polvo, distribuindo chicotadas em torno de si. Do corpo assim roliço desciam, então, as pernas, varas finíssimas, com enormes sapatos pretos, quais pequenas canoas. Os traços fisionômicos eram desenhados quase no ápice do rolo, isto é, do inacreditável corpo. Não havia pescoço e ombros e nem roupas, mas o chapéu lá estava completando a monstruosidade. Essa horrível entidade fazia-se acompanhar de outra que se diria o seu contraste, propositado e caprichoso: excessivamente pequena, rotunda, com um rosto de dimensões desproporcionadas para o tamanho do corpo, faces gordíssimas, vermelhas, como se o infeliz vivesse eternamente soprando alguma coisa; chapéu com abas enormes, botas, esporas e chicote, tudo desconforme e impressionante pela fealdade e pela desarmonia. Dentre as duas, não se saberia qual a mais desagradável e chocante, mas era certo que tais arremedos humanos causavam mal-estar insuportável, pavor mesmo, não tanto, talvez, pela grosseria da forma, mas pelas influenciações nocivas e contaminantes que suas mentes, desajustadas da harmonia da Criação, deixavam irradiar, pois que o médium, assim arrebatado do corpo físico, para estudos e observações no Invisível, adquire percepções pasmosas, não lhe escapando à visão ou ao entendimento nenhum pormenor daquilo que os instrutores lhe dão e auxiliam a examinar.

Outra entidade, do novo grupo que acabamos de descrever, medindo cerca de metro e meio de altura, usando sapatos grotescos, muito grandes, calçados em pés trocados, e um paletó demasiadamente amplo para o volume do corpo e da estatura, mostrava a particularidade de bigodes tão extensos que se arrastavam pelo chão, até uma distância aproximada de três ou quatro metros! Ela os exibia provocantemente, qual palhaço, soprando-os de vez em quando, e aquela ridícula metragem de bigodes, então, se levantava no ar, ondulante, para se enrolar depois, tomando a posição natural dos bigodes humanos. Não nos foi possível conter o riso diante desse infeliz mistificador, que se nos afigurou mais leviano e cômico do que mau. Porém, incontinente, Charles nos repreendeu com vivacidade, e, segurando nossa mão com força, disse num murmúrio:

— Rir-se é aplaudir, louvar seus atos, e, portanto, afinar-se com eles... Haverá troca de vibrações... e de qualquer forma se estabelecerá o malefício... Será necessário ao médium, como ao Espírito, diante deles, o domínio de toda e qualquer impressão ou emoção, um equilíbrio isolante, que traduza superioridade moral...

Alguns outros pareciam aleijados, pois se mostravam com pernas e braços tortos, bocas retorcidas em esgares e carantonhas chocantes, olhar estrábico, enquanto suas vestes seriam antes andrajos, e não fantasias. Gemiam e choravam, bradando pelo socorro de alguém que os ajudasse a se recompor, pois não conseguiam reequilibrar-se no estado que lhes era natural antes das farsas mistificadoras, que criavam no intuito de atormentar o próximo. Pareciam sofrer superlativamente, aterrorizados, deprimidos, decepcionados. E Charles tornou explícito:

— Esse o final de tantas leviandades e inconsequências por eles praticadas. Como ninguém mais ignora, o perispírito é um corpo semimaterial, sutil, impressionável, sensível, registrando em suas potencialidades vertiginosas até as ondulações dos mais suaves pensamentos. Agindo sobre esse envoltório tão delicado quão sublime, a mente e a vontade individuais farão dele o que desejarem, visto que a mente – ou o pensamento, a vontade, a energia psíquica, a essência do ser – cria, produz, edifica, realiza, conserva, aplica, modifica, servindo-se das poderosas forças que lhe são naturais.

Dedicadas ao exercício contínuo de tantas ações desarmoniosas, afeitas a tantas inconveniências e inconsequências, comumente durante longas décadas, essas entidades terminam por viciar não apenas a própria mente, como ainda as próprias essências, ou matérias sutis e maleáveis do perispírito, o qual se deforma ante os choques, por assim dizer magnéticos, das vibrações emitidas para o lamentável feito, se afeiam ante o domínio mental de tantas carantonhas e desfiguração da forma ideal perispirítica imaginada pela Criação. Mal-intencionadas e avessas ao Bem, tanto se fazem de feias e desagradáveis, deformando voluntariamente o perispírito, no só intuito de infelicitarem o próximo, mistificando-o até a obsessão, pelo pavor e pela alucinação que infundem, que, depois, quando percebem a conveniência de se deterem, porque prejudicam a si próprias, já não conseguem forças para se refazerem e voltarem ao natural.

Não é em vão que se abusa das leis gerais da Criação, na Terra como no Espaço, e, por isso mesmo, esses infelizes assim permanecerão, sob sua inteira responsabilidade e por livre e espontânea vontade: contundidos pela mente, feridos pelos choques desarmoniosos das próprias vibrações dirigidas a atos contrários ao alvo estabelecido pela Divindade suprema. E, tais como se encontram, serão encaminhados para a reencarnação, como infratores da ordem pública o seriam para um presídio, único recurso da atualidade – a reencarnação – para, lentamente, reequilibrá-los na harmonia geral, visto que as formas pesadas da matéria carnal serão como que formas ortopédicas necessárias à minoração de tais enfermidades vibratórias, de origem moral-consciencial. Como facilmente se compreenderá, os pobres folgazãos, inconsequentes e malvados, renascerão doentes fisicamente, já que doentes graves são como Espíritos, arrastando o corpo intermediário, ou perispírito, brutalizado como vês... Serão, portanto, enfermiços, raquíticos, retardados, vítimas de males incompreensíveis, que a Medicina terrena diagnosticará como de origens sifilíticas; serão feios, tristes, doloridos, tardos de movimento e ação, porque tardos de vibrações, sofredores e até dementes, tolos, medíocres... causando, muitas vezes, repugnância e compaixão a quem os conhecer. A sentença cristã – "A cada um segundo as próprias obras"[22] – é artigo mais elástico do que os homens têm imaginado. Esses infelizes que aí vês, ferindo, atraiçoando, mentindo, perseguindo seus irmãos de Humanidade, na Terra como no Invisível, a si próprios feriram, atraiçoaram, mentiram, perseguiram... E assim sendo, as más ações, engendradas por suas mentes desorganizadas, reduziram-nos a sofredores em luta com provações melindrosas, a convalescentes psíquico-conscienciais que demandarão períodos seculares, até que atinjam o necessário equilíbrio, isto é, a regeneração e a reparação completa do mal praticado.

Do que fica exposto, depreenderás as responsabilidades que pesam sobre os ombros dos espiritistas, médiuns ou não. Por meio deles, será necessário que os ensinamentos e revelações que a Espiritualidade concede sejam conscienciosamente propagados entre os homens, a estes auxiliando na reeducação de si mesmos, a fim de não mais se deixarem enredar nas teias obsessoras de criaturas de tal espécie, que agem de preferência no sono corporal de cada noite, pois as vossas sociedades estão repletas de casos lamentáveis, originados do conluio das paixões de uns e de outros... assim como repletas estão de reencarnações expiatórias desses mistificadores terríveis,

---

[22] N.E.: *Mateus*, 16:27.

que acabas de surpreender em ação... E que leigos e espíritas meditem, a tempo, sobre o perigo dos desequilíbrios no mundo mental de cada um, que bem poderão fornecer acesso a uma invasão análoga do Invisível...

Resta-nos acrescentar que a criança que deu motivo à presente lição se corrigiu das anormalidades apresentadas. E o que mais contribuiu para tão feliz desfecho foi o serviço de conselhos e preces a favor das entidades influenciadoras, durante as fraternas e tão belas reuniões do *Culto do Evangelho no Lar*, que os espíritas há algum tempo tão amorosamente praticam, recordando os tempos apostólicos...

ROMANCES MEDIÚNICOS

8. [...] a primeira condição para se granjear a benevolência dos bons Espíritos é a humildade, o devotamento, a abnegação, o mais absoluto desinteresse moral e material.

10. A mediunidade é coisa santa, que deve ser praticada santamente, religiosamente.

(Allan Kardec. *O evangelho segundo o espiritismo.*
cap. XXVI, itens 8 e 10.)

Frequentemente, amigos nossos, igualmente afeitos às lides espíritas, solicitam-nos esclarecimentos sobre o modo pelo qual são ditados, do Além, os romances sempre tão atraentes, da já vasta bibliografia espírita.

— Tomarão, os autores espirituais, da mão do seu aparelho mediúnico, tão somente? – indagam aqueles observadores. – Atuarão também sobre o cérebro do seu intérprete, seguindo a linha conhecida da faculdade psicográfica? Servir-se-ão da audição, porventura? Talvez da intuição?...

De princípio, afirmaremos que dependerá, racionalmente, da classificação do médium, tal como no-la explicam as obras básicas da Doutrina, podendo, portanto, um romance provir do Além por qualquer daquelas vias mediúnicas e também pela inspiração, e até pela incorporação, para que alguém escreva enquanto o aparelho receptor, ou o médium, dita, sob impulso do ser comunicante. Não obstante, acrescentaremos que, além da psicografia mecânica, da semimecânica, da intuição e da audição etc., poderão verificar-se, num ditado mediúnico, para romance, pelo menos, outros meios igualmente concludentes e detalhados, que ao próprio médium fortalecem na fé e nas corajosas disposições que lhe serão indispensáveis ao melindroso mister, ao passo que um mundo novo, um novo horizonte e uma sociedade rica de belezas e harmonias se desvendam para seu espírito, encantando-o, até o indefinível, com uma felicidade diferente de tudo o que na Terra se conhece por esse nome, inconcebível, portanto, aos entendimentos que não a tenham penetrado.

Tratando-se de um ensaio complexo, preferiremos sobre o assunto afirmar somente aquilo que particularmente nos disser respeito, visto ignorarmos particularidades de recepção mediúnica de outros instrumentos. Assim sendo, começaremos declarando que – receber obras mediúnicas, quer se trate de romances ou não, se para alguns médiuns constitui missão, como presenciamos suceder a Francisco Cândido Xavier, para outros constituirá provação e resgate de algo mal interpretado ou realizado no passado reencarnatório. Nesta última categoria nos colocamos a nós mesmos, pois não ignoramos sejam resgate as terríveis peripécias que temos sustentado e vencido até agora, para conseguir apresentar, à bibliografia espírita, a pequena contribuição que nos tem cabido. De outro modo, verifica-se tratar-se de um dom especial, pois o médium psicógrafo, simplesmente, não se prestará ao feito literário mediúnico se não trouxer nos meandros psíquicos, além dessa, também a qualidade de "literário", como tão bem definiu Allan Kardec. O médium literário do momento, portanto, teria sido escritor em vidas pregressas ou, pelo menos, um intelectual inclinado às letras e ao Belo, razão pela qual, na atualidade, possuirá aptidão para obter do Espaço obras superiores aos seus próprios conhecimentos do presente. No entanto, quer se trate de missão ou provação, o que é certo para todos os médiuns é a tremenda responsabilidade que assumem no dia em que colocarem o seu nome e a sua personalidade no seio de um movimento dessa natureza.

Não desejaremos abordar a iniciação, por assim dizer, necessária a um médium, a fim de servir de instrumentação fácil sob direção dos amigos espirituais que dele desejarem utilizar-se, para labores mediúnicos em geral. Como tão bem apontou o grande educador espiritual Emmanuel: "Há, nos reinos do espírito, leis e princípios, novas revelações e novos mundos a conquistar. Isso, entretanto, exige, antes de tudo, paciência e trabalho, responsabilidade e entendimento, atenção e suor."[23] O que implicará renovação, severos trabalhos de reforma interior, de parte do candidato a intérprete dos Espíritos.

Certamente, não ignoramos que a faculdade mediúnica, em si mesma, independe de qualidades morais excelentes, ou de virtudes, visto que Allan Kardec, assim como os Espíritos elevados que lhe revelaram a Doutrina Espírita, explicou que até mesmo um médium analfabeto pode escrever belas páginas de literatura. Todavia, o mesmo Kardec classificou de *muito raros*, quase excepcionais mesmo, tais médiuns, e nós outros, os espíritas em geral, com a longa experiência adquirida no aprendizado diário, também temos constatado que, se é fato que a faculdade mediúnica, em si mesma, independe de qualidades morais excelentes, os feitos edificantes que pode ela produzir somente advêm, no entanto, após renovação geral de seu portador, ou, pelo menos, após a demonstração, de parte deste, de boa vontade em se harmonizar com a Espiritualidade superior, mediante a observância de severos deveres e disciplinas.

Por outro lado, não conhecemos nenhum médium verdadeiramente analfabeto que apresentasse obra literária escrita, embora tenhamos conhecimento de alguns poucos exemplos desses, havidos na história da mediunidade.[24] Parece-nos, mesmo, que tal fenômeno será cada vez

---

[23] N.E.: *Seara dos médiuns*. cap. 5 – "Curiosidade".
[24] Nota da médium: Na cidade de Lavras (MG), durante o período 1926 a 1930, conhecemos como médium do Centro Espírita de Lavras uma senhora de cor, cujo coração boníssimo soube muito

mais raro, tendendo a desaparecer. Temos compreendido que, dadas as dificuldades a vencer para o dito mediúnico da literatura, os instrutores espirituais preferirão que os seus instrumentos se apliquem a boas leituras e estudos em geral, a observações e meditações profundas, o que não deixaria de estabelecer um preparo prévio, uma iniciação, a fim de adquirirem e arquivarem cabedais capazes de tornar sua mente maleável e obediente ao escritor espiritual. Isso, porém, não é tudo, pois, como ficou dito, sem um ressurgimento de valores pessoais no íntimo do próprio médium, nada se conseguirá de apreciável, por não se haver ele ajustado às faixas vibratórias aptas ao feito. Seria igualmente errôneo o julgamento de que pessoas muito ilustradas e doutas seriam melhores instrumentos para um escritor da Espiritualidade do que um simples estudioso, um autodidata, destituído de títulos e diplomas. Não! Sabemos, porque ficou dito pelos maiores do Espiritismo, que o cérebro menos assoberbado de teorias e sistemas preconcebidos se presta melhor aos ditados espíritas mediúnicos, não só por positivar o fato mais concludentemente, como também porque, graças à sua singeleza, não seria interceptada, ou desfigurada, com ideias pessoais, alguma revelação nova que adviesse em contraposição a teorias que devessem ser renovadas, antes a traduziria sem mesclas nem preconceitos, porque, assim, não possuiria barreiras mentais capazes de impugnar um noticiário que fosse contrário às opiniões já implantadas pela cultura daquele que muito se demorou no recesso das Academias.

***

---

bem assimilar a Doutrina dos Espíritos, mas analfabeta, pois mal sabia assinar o próprio nome e apenas lia, com grande esforço, as preces contidas no final de *O evangelho segundo o espiritismo*, de Allan Kardec. Chamava-se Eugênia da Conceição e residia numa travessa da antiga rua do Cônego. Recebendo, em memoráveis reuniões realizadas por aquele Centro, presididas então pelo coronel Cristiano José de Souza e o seu Vice-Presidente, Sr. Augusto Paiva, o Espírito Padre Vítor, por meio da incorporação, essa médium fazia os mais belos discursos filosóficos e de alta moral que jamais ouvimos, os quais, às vezes, levavam trinta minutos e mais ainda, lembrando, efetivamente, o sermão de um sacerdote, no púlpito das igrejas. Recebia, também, o Espírito Dr. Augusto José da Silva, que igualmente discursava de modo edificante, embora apresentando assunto e estilo diversos. Ao receber Espíritos sofredores, essa médium admirável, já falecida, relatava aos presentes a vida no além-túmulo, descrevendo-a como André Luiz hoje no-la tem revelado, e de tal forma o fazia que estas manifestações se tornavam altamente elucidativas e instrutivas para os adeptos. Tais discursos, no entanto, apresentavam frequentes erros de português, visto que, médium analfabeta, não oferecia maleabilidade suficiente aos Espíritos comunicantes para uma transmissão mais completa.

Desde o aparecimento da Codificação, queixam-se as entidades espirituais elevadas da deficiência do vocabulário humano para expressar a vertiginosidade da palavra dos Espíritos, das dificuldades, das barreiras contra que lutam nossos guias para descreverem as grandezas do mundo invisível. Quem é médium transmissor de revelações e ditados instrutivos de qualquer natureza, especialmente romances desenvolvidos no Além, sabe das torturas psíquicas indefiníveis a que se vê submetido quando o seu instrutor se dispõe a transmitir algo que vive ou existe nas regiões felizes do Invisível, as quais desconhece porque, quando desencarnado, ele, o médium, não as pudera atingir; e também sabe que isso a que denominamos "tortura", à falta de outro qualificativo mais exato, não atinge somente a si próprio, mas também ao instrutor comunicante, que se entregará a disciplinas mui penosas a fim de se conseguir fazer compreender, disciplinas a que só se anima pelo muito amor à causa das Verdades eternas e pelo cumprimento de um sagrado dever. Por isso mesmo, entristecemo-nos quando alguns oradores, empolgados pelo ardor da própria palavra, ao emitirem opiniões meramente pessoais, vão ao extremo de atacar os médiuns com suposições e críticas impróprias e humilhantes, revelando dessarte o pequeno conhecimento da causa que tentara defender, e também leviandade na apreciação de um campo delicado e complexo, que requer mais serenidade e espírito de observação, para ser devidamente estudado.

É certo que o estudo da mediunidade deverá ser acompanhado de cautelosas pesquisas para que se possam remover as numerosas dificuldades de que comumente se rodeia, como deslindar as múltiplas causas que a poderão desfigurar, levando-a mesmo ao ridículo e à nulidade. Tratando-se de uma faculdade, por assim dizer celeste, destinada a realizações imprevisíveis, conviria aos seus detratores – pois os há mesmo dentro da grei espírita – antes investigá-la com espírito de proteção e fraternidade do que depreciá-la com observações desanimadoras e antidoutrinárias. Ora, as modalidades de meios de comunicação com o Invisível têm preocupado ultimamente certos pensadores, que leram os códigos do Espiritismo mais como passatempo do que mesmo com o sincero desejo de realmente aprender. Algumas dessas modalidades, consideradas "novidades", criticadas por uns, incompreendidas por outros, negadas por muitos, relegadas por alguns a título de "fantasias do cérebro de médiuns ignorantes", são, não obstante, tão antigas, e já conhecidas dos velhos povos do passado, como o são a psicografia, a incorporação e as demais, estudadas por Allan Kardec e seus colaboradores.

Ninguém há que ignore a singular faculdade mediúnica de João, o Evangelista, dentre outras que possuiria o chamado "discípulo amado", cujo espírito era *arrebatado do corpo material* durante o transe lúcido de desdobramento, era alçado ao Espaço e, uma vez ali, via Jesus – a quem chamava Senhor – e com ele conversava, recebendo preciosas instruções. O que, porém, Jesus dizia ao seu discípulo seria não somente *ouvido*, mas também *visto* por João, pois a palavra do Mestre tomava forma, transformava-se em fatos e ocorrências diante do Apóstolo, depois do que o próprio Senhor Jesus o mandava escrever em livro tudo quanto presenciara. Daí surgiu o célebre livro *Apocalipse*, o último dos belos volumes de que se compõe o Novo Testamento de Jesus Cristo, obra essencialmente mediúnica não muito clara à compreensão vulgar, em virtude de sua feição esotérica e das dificuldades com que o divino Mestre, ou um dos seus agentes, teria lutado para tentar transmitir o transcendentalismo profético servindo-se do vocabulário e das imagens da época, bem mais deficientes do que as atuais, como foi o caso, por exemplo, para descrever a aviação moderna, tão claramente ali revelada, não obstante a deficiência das imagens.[25] Tão bela faculdade não foi isolada, ou particular a João. Os profetas do Velho Testamento sucintamente explanaram os mesmos pormenores, afirmando, com frequência, que eram *arrebatados em espírito*, repetindo sempre:

— *"O Senhor disse, e eu vi..."*

ao passo que os médiuns atuais não cessam de afirmar que *veem quadros fluídicos, por meio de descrições dos seus instrutores desencarnados*, ao

---

[25] N.E.: *Apocalipse*, 9:1 a 21.

receberem obras, mensagens vistas e não apenas escritas, avisos de futuras ocorrências narradas em cenas vivas, principalmente de morte próxima de algum ser amado, e romances e revelações novas.

E não somente com os médiuns declaradamente espíritas tais fenômenos se verificam. A vida de cada criatura está repleta desses fenômenos, embora a maioria não ligue ao fato a devida importância. Igualmente, a vida de muitos artistas célebres – médiuns quase todos, sem o saber, alguns demonstrando mesmo faculdades positivas – enumera fatos idênticos: visões, transportes em corpo astral, *ou arrebatamento do espírito*, de que trata João. Contam que Vincenzo Bellini, o grande compositor italiano, durante um sono que tudo indica tenha sido um transe letárgico, ou um estado de sonambulismo, "sonhou" que assistia a uma festa no "Céu". De lá mesmo, onde pairava, o seu espírito temporariamente afastado do corpo, isto é, do local feliz do Invisível onde se encontrava – certamente algum ponto de reunião de Espíritos artistas – aciona o corpo, que dorme, e escreve a ária vitoriosa da sua ópera "Norma", pois que a anterior fora vaiada durante a récita de estreia.

Na empolgante obra *No invisível*, Léon Denis cita o caso do pintor alemão Albrech Dürer,[26] o qual, preocupado por não se sentir inspirado para a criação de um quadro que reproduzisse os quatro evangelistas, debruça-se à janela da sua "água-furtada",[27] na cidade de Nuremberg, Alemanha, e faz sua invocação aos poderes espirituais. Pouco a pouco, desenham-se no espaço, à sua vista, materializadas, as quatro figuras que ele desejava pintar. A riqueza dos tons luminosos que envolvem essa obra-prima dos céus clareia a parte da cidade alcançada pelo artista da janela da sua humilde habitação, e este, deslumbrado, plenamente harmonizado com as vibrações das esferas artísticas da pátria espiritual,

---

[26] N.E.: Célebre gravador, pintor, escultor e arquiteto alemão. Nasceu em Nuremberg, em 1471, e aí morreu em 1528. Aliou a uma imaginação de espantosa riqueza um colorido perfeito e, principalmente, uma incomparável mestria de desenho. Exímio no retrato, embora mostrasse preferência pelos assuntos impressionantes.

[27] N.E.: Sótão. Pequena dependência de uma casa, localizada imediatamente sob o telhado, muito usada na Europa, como residência pobre.

pode observar os pormenores do modelo insólito concedido por seus amigos do mundo invisível. Daí a reproduzi-lo mais tarde, obedecendo ao capricho dos claros e das sombras, da harmonia das cores e da pureza das linhas seria fácil, pois Albrech Dürer é um grande artista, um sensitivo cujas vibrações penetram as camadas superiores do Invisível, e aquela visão sublime se decalcou nos refolhos da sua alma, em formas indeléveis, o que lhe permitiu reproduzir a obra em toda a sua magnificência.[28]

Não raro, o mesmo estranho fenômeno se verifica com os médiuns espíritas em relação às obras românticas que lhes concedem os mentores espirituais. Quadros belíssimos, sequências admiráveis de cenas coloridas, detalhes singulares etc., tudo sublimado por um jogo de luzes indescritível, são fornecidos àqueles no momento em que recebem a obra, ou antes da sua recepção, quando do transe letárgico provocado por seus instrutores durante o preparo da mesma e a adaptação do médium para o feito. Dá-se mesmo o fato de que, algumas vezes, uma só obra terá dois autores – *um que a conta, ou narra em cenas, no Espaço, e outro que a escreve mais tarde, por meio da psicografia*. Neste caso, ao transcrevê-la sob assistência do seu amigo invisível, o médium já conhece a história, porque a viu narrada no Além, o que muito facilita a recepção escrita, pois, ou dela se recorda, caso seja instrumento muito lúcido, impressionável, ou, quando menos, a conserva arquivada na subconsciência, caso a faculdade não disponha da propriedade de reter lembranças ao despertar do primeiro transe.

Dentre outros médiuns de que temos notícia, além de nós mesmos, pois esses fatos nos são muito comuns, convirá destacar Francisco Cândido Xavier, por ser o mais popular e o mais acreditado no conceito geral. Confessa ele que, ao receber da entidade espiritual Emmanuel o livro *Paulo e Estêvão*, assistiu, deslumbrado, à cena da aparição do Nazareno a Saulo de Tarso, na estrada de Damasco, quadro fluídico criado *pela palavra espiritual* (vibração mental, poder do pensamento e da

---

[28] N.E.: Em ocasiões tais, verifica-se uma espécie de hipnose sobre o sensitivo: mais tarde ou mais cedo ele reproduzirá, fatalmente, o que o Invisível lhe forneceu, embora seja auxiliado, ainda, pelo mesmo Invisível, ou pelos seus amigos e protetores espirituais.

vontade sobre os fluidos existentes no Universo) do autor da obra, que a está ditando psicograficamente, e a qual se converteria na mais bela obra pelo Espaço concedida aos homens depois da Codificação da Doutrina Espírita. Comovido, o médium não suporta tanta grandeza patenteada à sua visão. Abandona o lápis, interrompendo o ditado. Prostra-se de joelhos e chora as mais sublimes lágrimas que seus olhos conheceram. Aliás, é comum o médium se emocionar ante as belezas que à sua visão se rasgam em cenas indescritíveis, quando, muito concentrado no trabalho, favorecido por ambiente feliz e afastamento completo das coisas deste mundo, ele se dá ao labor do ditado mediúnico. Muitas vezes, nós mesmos temos interrompido nossos trabalhos, ante o encantamento da sutil beleza espiritual com que nossos guias nos mimoseiam, a fim de nos entregarmos ao pranto feliz e comovido que o mundo ainda desconhece. Parece que o médium, em tais ocasiões, tem as suas sensibilidades gerais elevadas ao máximo, pois se não vibrar uníssono com o autor da obra não conseguirá realizar o feito. Daí o porquê de um instrumento mediúnico obter obras de poucos autores, pois o trabalho é sempre melindroso e difícil, exigindo o máximo de qualidades harmoniosas de um e de outro, tais como amor à causa, vontade, pureza de intenções, humildade, paciência, perseverança, desinteresse de toda e qualquer natureza, mormente o desinteresse monetário, renúncia e até mesmo espírito de sacrifício, o que deixa entrever não ser fácil a um encarnado assim comungar, tão intensamente, com entidades elevadas da Espiritualidade.

Existem ditados mediúnicos, mesmo romances – e poderíamos citá-los –, considerados imitações por muitos observadores, *porque não trazem o característico do estilo literário daquele que espiritualmente o concedeu*. No entanto, sabemos que a obra, realmente, é daquele cujo nome figura no volume. O que se passa é que transmitir o estilo integral é uma tortura para certos médiuns, como trabalho exaustivo para o autor, razão por que nem sempre este obrigará seus medianeiros ao penoso labor, visto o intento de uma obra espírita ser a sua finalidade moral-educativa-doutrinária, e não propriamente a simples realização literária. De outras vezes, porque o médium não apresente os recursos necessários, dá-se uma como tradução no seu pensamento. Este, o médium, recebe o ditado e transmite-o para o papel empregando sua própria linguagem, o que resulta na desfiguração do estilo literário do escritor comunicante, se se tratar de literato conhecido na Terra. Alguns, devido a tais fatores, adotam pseudônimo, encobrindo o próprio nome até mesmo de seu instrumento mediúnico. Todavia, o pensamento foi do escritor, e não do médium, e por isso a obra deverá ser considerada mediúnica. Muitas vezes, desde que não se positive o fenômeno espírita propriamente dito, será mais conveniente que tais trabalhos apareçam a público sob o nome do próprio médium, visto que, destituídos do estilo do escritor conhecido, a quem se atribua o trabalho, será difícil provar que, efetivamente, houve o fenômeno mediúnico, muito embora se tenha dado, e assim se contornarão controvérsias e polêmicas muito prejudiciais à Doutrina. Tal sutileza da faculdade mediúnica opera-se, comumente, entre alguns escritores e será, então, o que chamaremos *inspiração*, não obstante conheçamos tais casos no setor psicográfico também.

Alguns escritores desencarnados, como Camilo Castelo Branco, que foi um estilista inconfundível, um purista do idioma português, não fazem, em absoluto, questão de que o seu antigo vigor literário se reproduza, integralmente, por um cérebro mediúnico. O que querem é se desincumbir de tarefas que lhes desanuviem a consciência das sombras dos deslizes passados, reabilitando-se, pela literatura de além-túmulo, da antiga feição ociosa ou nociva da literatura cultivada no estágio terreno. É o *resgate*, pois, que se verificará. Preferentemente, tais escritores tomarão pseudônimo, encobrindo-se do próprio médium, que poderá não guardar o devido segredo, entusiasmando-se com o próprio feito de que foi instrumento. Outros, como Léon Denis, preferirão não ditar obras mediúnicas a vê-las desfiguradas no seu estilo pessoal. O que querem é a prova insofismável do fenômeno espírita. Continuam, no Além, as pesquisas e experiências encetadas na Terra.

Um mesmo Espírito poderá ditar uma obra *dando a ver ao médium as cenas antes ou no momento do ditado*, e poderá ditar outra, ainda pelo mesmo médium, valendo-se tão somente da psicografia, sem que o intermediário veja coisa alguma, ou, pelo menos, sem que este se recorde do que viu, pois pode dar-se o fato de ele ter presenciado o drama, posteriormente psicografado, durante um desdobramento, e de nada se recordar em vigília. De outro modo, o fato de *recordar* será uma disposição particular do aparelho mediúnico. Vimos que João Evangelista, ao despertar do transe em que obteve o *Apocalipse*, recordou tudo o que vira e ouvira. Os profetas antigos, do mesmo modo, se recordaram das visões tidas durante os chamados transes "oníricos"[29] e os desdobramentos em corpo astral.

Do que particularmente nos diz respeito, lembraremos que o livro *A tragédia de Santa Maria*, por nós escrito sob a direção da entidade espiritual Adolfo Bezerra de Menezes – trabalho em que tivemos a maior facilidade de recepção, dentre os que nos têm cabido transmitir – ofereceu-nos todas as modalidades possíveis em um ditado mediúnico: visão antes e no momento da recepção, audição, psicografia isolada (desacompanhada de visão e de audição), psicografia acompanhada dos outros fenômenos e intuição acompanhada de visão. Consideramos essa época de nossa existência (quatro meses), das mais felizes, entre as poucas horas ditosas que fruímos neste mundo, dada a suavidade, o enternecimento das faixas vibratórias que nos envolveram durante o período consumido no ditado do trabalho. Que de visões outras, então, obtivemos da vida espiritual! Que de surpresas cativantes! E como convivemos com os seres invisíveis, mostrados à nossa respeitosa contemplação naquelas noites magníficas, quando, abstraídos da vida terrena, aliviado o nosso coração de sofrimentos e humilhações oriundos da vida social terrena, a assistência de Bezerra de Menezes se tornava positiva e integral, para que o seu feito romântico se realizasse sem que nenhum esgotamento físico, nenhuma fadiga mental nos abatesse a saúde! Esse venerável Espírito é seguido, por assim dizer, por grande número de entidades ainda vacilantes, porém, submissas, cuja readaptação ao estado espiritual é operada

---

[29] N.E.: Mediunidade pelo sonho. Revelações por meio do sonho. A *Bíblia* está repleta de informações a respeito.

sob sua desvelada direção. Víamos e falávamos a várias delas, enquanto trabalhávamos naquela obra.

Entrementes, as visões do drama que então nos eram fornecidas decorriam em ambiência branca, lucilante, mesclada de tons dourados, como se raios de sol puríssimos iluminassem a transparência branca, efeito, ao que julgamos, inédito sobre a Terra, a nós outros impossível de descrever, e como se todas as cenas e panoramas fossem desenhos delicadíssimos, a se movimentarem em cenários celestes. No entanto, em "Uma história triste", que integra o volume *Nas telas do infinito*, o drama se desenrolou em suave ambiente azul, levemente esbatido de nuanças brancas lucilantes, quais neblinas tenuíssimas, enquanto que em "Leonel e os Judeus", obra ainda inédita,[30] do mesmo autor, a história se desenrolou sob colorações fortes, mas com algumas cenas muito sombrias, tais como salas de suplícios da Inquisição, em Portugal, e outras muito nítidas, como o rumor das águas de um repuxo de jardim, ao se despenhar no tanque, o brilho de candelabros de prata sob a luz das velas e o som da cítara com que uma personagem se acompanhava, entoando *Salmos* de Davi.

Não obstante, nem sempre o médium consegue transcrever na íntegra o que avista no Espaço, concedido por seus mestres instrutores. Parece, mesmo, que cenas belíssimas, admiráveis pela perfeição, deixam de ser psicografadas no decurso da obra, porque assim o determinaria o próprio autor, visto que a escrita não reproduziria fielmente o encantamento que a visão espiritual alcançou. Na obra *Nas voragens do pecado*, por exemplo, a entidade Charles, Espírito que sabemos ser o de um completo artista, e que no-la havia mostrado magistralmente, durante um arrebatamento do nosso espírito, por ele mesmo provocado, deixou de escrever uma cena das mais belas, que nos fora dado a apreciar na ocasião precisa:

— A personagem Otília de Louvigny, ao ter conhecimento do massacre da família de La-Chapelle, durante a chamada "Matança

---

[30] N.E.: Refere-se à obra *Dramas da obsessão*, lançada em 1964.

de São Bartolomeu", no qual sucumbira seu noivo, Carlos Filipe, tem acessos de loucura verdadeiramente patéticos, emocionantes. Em desespero, sai em correria pelo parque do seu castelo e pelos campos adjacentes, ou sobe aos terraços e torres da mesma vetusta habitação, bradando, em lágrimas, pelo nome do noivo, entre mil queixas pungentes e revoltas blasfemas. O jogo de luzes que envolviam essas cenas, as nuanças do luar e do crepúsculo da tarde, os claros e as sombras que tudo adornavam e embelezavam, entre tonalidades azuis e rosa, que se mesclavam ao infinito, a suavidade da coloração, as harmonias dos sons, que repetiam seus lamentos em ecos impressionantes pela vastidão local, e onde até o canto das cotovias se deixava ouvir, eram de uma perfeição e beleza tais que acreditamos nem mesmo o cinematógrafo, que muito se assemelha a essas criações do Invisível, conseguiria reproduzir na íntegra.

No entanto, tal cena, das mais patéticas e belas de toda a obra, não foi dada à psicografia, quando o autor da mesma voltou para escrevê-la. Em vão esperamos a sua transcrição. O impulso vibratório da psicografia não a delineou! Aliás, nem sempre se poderão aproveitar todos os detalhes e nuanças dos dramas assim relatados ao médium, no Invisível, porque a obra se alongaria demasiadamente, o que seria contraproducente. É fácil, porém, compreender que a dita cena, destituída de qualquer valor moral ou doutrinário, embora artisticamente perfeita, fora suprimida para que a parte doutrinária não ficasse sacrificada pela extensão da obra, pois sabemos que o móvel dos romances espíritas é a propaganda da Doutrina por meio suave e convidativo, tributando os instrutores espirituais grande apreço a essas obras, por julgá-las imensamente úteis em virtude dos exemplos vivos oferecidos aos leitores.

Conquanto os Espíritos guias deem preferência à parte doutrinária, à moral elevada que vemos presidindo a tudo quanto a Revelação Espírita tem concedido generosamente aos homens, também observamos que jamais se descuram eles de embelezá-las com os traços vigorosos de uma Arte pura, elevada e, por assim dizer, celeste. Jamais, porém, presenciamos tantas e tão grandiosas expressões de Arte e Beleza, superiores a tudo quanto nossa mente fosse capaz de conceber, como no ano de 1931, ao nos ser revelada, durante um longo desdobramento, a história de *Amor e ódio*, já publicada pela FEB, desdobramento que nos levou a visitar a cidade de Florença, na Itália, examinar suas obras de arte, visitar seus palácios e admirar o jogo das luzes irisadas através dos vitrais, contemplando-a, tal como era há dois séculos! E assim, nesse exame, que muito naturalmente era realizado, distinguíamos até mesmo os brocados e cortinados dos grandes leitos senhoriais, as pinturas decorativas das paredes, o brilho do verniz dos móveis, os raios de sol coados através dos vitrais multicores, tocando tudo de uma forte sugestão.

Na noite de 30 de junho de 1931, o Espírito coautor da dita obra, isto é, Charles, arrebatou-nos em espírito, levando-nos consigo para uma região que supomos dedicada à Arte, no mundo invisível. Concluímos que as regiões espirituais mais achegadas à Terra sejam azuis, com nuanças brancas radiosas, pois são as cores que mais frequentemente divisamos nos ambientes invisíveis felizes que temos visitado. Acreditamos, mesmo, tratar-se de um estado, de uma modificação do fluido invisível, trabalhado pela vontade dos obreiros espirituais, e que a própria Terra nele se encontre mergulhada. O certo é que, arrebatados pela entidade protetora, bem cedo nos reconhecemos pairando em local florido, espécie de parque ou jardim, artisticamente delineado, verdadeiro cenário celeste, no qual nenhum traço de beleza faltava, percebendo-se até mesmo a melodia de pássaros e mil cativantes perfumes de flores. Todo o conjunto se esbatia de um como luar azul matizado, lembrando os coloridos de Rembrandt,[31] isto é, partindo de tons mais fortes, como sombreados, para decrescerem de coloração gradativamente, até o branco cintilante, pois essas nuanças são luminosas, como neblinas que se iluminassem por lampadários inteligentes, caprichosos.

---

[31] N.E.: Rembrandt Harmenszoon Van Ryn – Ilustre pintor da escola holandesa. Nasceu em Leyde, em 1606, e morreu em Amsterdã, em 1669. Esse inconfundível artista brilha pelo vigor e riqueza do pincel, pela ciência do claro-escuro, cuja multiplicidade de recursos foi o primeiro a mostrar, pela vida das carnações, vigor das sombras e brilho da luz. Deixou 350 pinturas e outras tantas águas-fortes. É célebre o seu autorretrato.

Nessa encantadora estância encontravam-se Victor Hugo e Frédéric Chopin.[32] Vendo-os, nenhuma surpresa nos assaltou, pois não temos memória de quaisquer surpresas que nos assaltassem durante tais escapadas espirituais. Presente estava igualmente a entidade Gaston, que figura na obra como a sua personagem central. Acreditamos que, nos ambientes esclarecidos do Espaço, quando um dos seus habitantes, ou componentes, se prepara para a reencarnação, os que ficam lhe oferecem festividades de despedida, homenagens que dão em resultado essas solenidades espirituais, nas quais o Belo atinge proporções inconcebíveis à mente humana, por mais artisticamente dotada que seja, visto que o Belo, no Invisível, é apanágio do virtuoso, do moralizado, do coração humanitário e fraterno, já identificado com as vibrações inerentes ao verdadeiro bem.

A pura intelectualidade, desacompanhada de princípios excelentes, que somente as verdadeiras qualidades do coração produzem, assim como a Arte, por si só, com o séquito da vaidade, do orgulho, da falta de boa moral, não permitem a ascensão do seu cultor aos planos rutilantes do Belo, existentes no Além... o que equivale a asseverar que nenhuma conquista feliz, no além-túmulo, será possível sem a renovação do Espírito, ou seja, a sua reeducação moral.

Percebemos que Victor Hugo presidiria à tarefa de Gaston, auxiliando-o nas narrativas com o poder do próprio gênio, pois teria sido amigo e protetor deste, quando encarnados ambos, em Paris, tendo-o livrado mesmo da guilhotina, coadjuvado nos esforços para patentear a inculpabilidade do mesmo pelo professor Denizard Rivail (Allan Kardec), de quem o jovem teria sido discípulo.

No entanto, era Charles quem nos esclarecia, e aqui tentaremos reproduzir suas palavras de então, por meio das recordações que nos

---

[32] Nota da médium: É possível que nosso Espírito não atingisse realmente a dita região, e sim tudo contemplasse por quadros a distância. Tão sugestivos e intensos esses quadros (espécie da nossa televisão, muito aperfeiçoada), que o médium mantém a impressão de que realmente está presente em tudo o que vê.

ficaram e das intuições que nos afloram à mente, sob as irradiações do mesmo dedicado amigo, sob cuja vigilância estas páginas são escritas:

— Trata-se da solenidade de despedida de Gaston de... (jamais nos pudemos apossar do verdadeiro nome dessa Entidade, que no volume *Amor e ódio* vemos alterado), antigo amigo nosso, companheiro de ideais republicanos de Hugo, em Paris... Sua beleza física foi célebre, pois sua plástica e mesmo a fisionomia apresentavam semelhanças mui pronunciadas com a estátua do Apolo de Belvedere. Sua vida, no entanto, primou pelos grandes infortúnios, verdadeiras desgraças, que sobre ele se abateram... Despede-se hoje dos amigos da Espiritualidade, porque entrará em preparativos para a reencarnação, o que absorverá suas atenções, e cerceará a liberdade de que até agora vem desfrutando entre nós... Ele se sente cansado da Europa... como que aterrorizado dos férreos costumes, dos preconceitos excessivos, do materialismo desanimador ali existente... e reencarnará, por isso, no Brasil, de cujas plagas se enamorou, para novos ensaios de progresso à sombra generosa do Consolador, que lhe acalentou o coração nos dias do passado...

"Deseja ele narrar a sua história por intermédio do feito mediúnico e oferecê-la à mocidade da sua futura pátria, como lição esclarecedora que mostrará aos jovens descuidados do cumprimento do dever, até onde poderão levar as inconsequências de uma juventude leviana e desregrada... Seus mentores espirituais aprovaram a pretensão, visto que o intento seria de utilidade geral... Todavia, Gaston de..., não obstante intelectual primoroso, na Espiritualidade não possui o poder mental nem a ascendência moral necessários à produção de um fenômeno tão transcendente e complexo, tal o da criação, transmissão e conclusões morais-filosóficas adequadas a uma obra educativa em moldes evangélico-espíritas, e por isso não concede diretamente ao médium o que se tornou, de há muito, seu ardente desejo... Victor Hugo, de quem ele foi grande admirador e amigo, prontificou-se a auxiliá-lo no tentame, pois Hugo possui todos os requisitos exigidos na Espiritualidade para a exposição e posterior ditado de uma obra dentro desses moldes.

"Frédéric Chopin, alma sensível e bondosa, não conheceu pessoalmente Gaston sobre a Terra, não obstante haver sido este, até hoje, um dos melhores intérpretes de sua música; porém, afeiçoou-se a ele no Espaço, visto que Gaston fora admirador sincero do seu gênio. Assim sendo, colabora aqui, no momento, com a sua arte, para homenagear o amigo que se despede... Quanto a mim, que milito de preferência na Terra, incumbido, mercê de delicados deveres, de procurar um cérebro mediúnico-espírita para as necessárias experiências – pois a presente reunião é composta de entidades convictamente espíritas –, arrastei-te até aqui, visto ser esse o meu dever, como teu assistente espiritual que sou... Entretanto, para o ditado que se verificará, neste momento, *precisará o médium ter conhecido a França e lá vivido pela época a que o assunto se reporta... Precisará, igualmente, ter vivido na Itália, particularmente em Florença, por ocasião de um episódio ali desenrolado, assim como precisará ter conhecido a aristocracia*, de uma forma ou de outra, através das reencarnações, pois que, a não ser assim, dificilmente encontraríamos em seus arquivos mentais, ou subconsciência, elementos para positivarmos o que irá ser narrado. Falo-te particularizando uma obra a ser modelada. No entanto, os informes que te forneço são a regra geral para os demais labores dessa espécie. Além disso, a parte doutrinária evangélico-espírita, sendo o móvel de uma obra literária mediúnica, deverá ser assaz cuidada, e ao médium será, pois, indispensável possuir conhecimentos de tais matérias, a fim de tornar possível acionarmos sua mente à nossa vontade, por meio do mecanismo das vibrações, das sugestões etc. Como vês, o ditado de um romance, de qualquer obra mediúnica, é trabalho fatigante e penoso para os doadores do Além... razão pela qual insistiremos em aconselhar aos médiuns, em geral, incansáveis esforços em prol da aquisição dos conhecimentos da causa em que laboram, caso se interessem realmente pelos ideais em apreço."

Entrementes, eis que uma tonalidade vigorosa de voz, ou seja, a vibração do pensamento genial de Victor Hugo, repercutiu poderosamente em nossas potências espirituais, dando a entender, exatamente, a frase inicial do primeiro capítulo do drama que seria publicado sob o nome de *Amor e ódio*. Uma vertigem intraduzível se apossou do nosso espírito. Desapareceu de nossa visão todo aquele conjunto belo e feliz, que nos rodeava... Desapareceram Charles, Frédéric Chopin, o jovem Gaston e o próprio Victor Hugo... e nos reconhecemos em Paris, na época evocada pela primeira frase do livro, isto é, pelo reinado de Luís Filipe. Desenrolou-se, então, a história sob o irresistível influxo do grande Hugo, que a "narrou", e cuja "voz" ouvíamos sempre, forte e dominadora, sem todavia vê-lo. Sua palavra, portanto, *tornou-se, vida, cenas, fatos, drama, sequência admirável de uma realidade incontestável*. Nós nos víamos presentes em todas as cenas, quais espectadores mudos do imenso drama, sem, contudo, perder nossa atual personalidade. Sentíamos, porém, ecoando em nossas sensibilidades, as emoções e impressões que as personagens deveriam viver, permanecendo as mesmas emoções como que impressas em nosso ser, incomodando-nos mesmo, afligindo-nos, até que a obra foi escrita e terminada.

Jamais nos fora possível conceber cenas tão belas, tão artisticamente delineadas, paisagens tão esmeradas, tão encantadores pormenores como ao nosso espírito deram a contemplar nessa madrugada feliz, em que nos vimos arrebatados para o Espaço. Os fatos se desenvolviam em cores que iam do azul pervinca cintilante ao branco igualmente cintilante, ornados de efeitos de luz e sombreados em azul mais forte, lembrando quadros de Rembrandt. Nenhum detalhe de salão ou de algum jardim, nenhum pormenor de vestuários femininos ou masculinos, e nem mesmo os perfumes escapavam à nossa observação ou à nossa sensibilidade. A certa altura, ouvimos que Hugo comunicava:

— A Quarta Parte será narrada em grifo...

Não compreendemos o que quereria ele dizer. Nada perguntamos, no entanto. Acreditamos, mesmo, que o médium, em tal situação, absolutamente não poderá "falar", ou seja, externar a própria vontade, senão obedecer à vontade alheia. Pensávamos, porém. E meditamos em que o grifo é um sinal na escrita manual ou tipográfica, um tipo de letra de imprensa diferente dos demais caracteres em que o texto de uma obra foi impresso, embora os dicionários expliquem tratar-se também de um enigma, de algo embaraçado ou ambíguo. Dentro em pouco, no entanto, era realmente exposta a Quarta Parte do livro, exatamente o trecho iniciado em Florença e terminado em Paris, "pelos albores do século XVIII". No entanto, as cenas, agora, bem assim as paisagens, os ambientes, eram inteiramente modelados em cores vivas, diferentes, portanto, do resto do trabalho, que fora em azul e branco. Aí estaria o grifo... Nos episódios verificados em Florença, as colorações eram mais intensas, porém, claras e cintilantes, como se um sol vivo e ardente recobrisse os ambientes. Naqueles vividos em Paris, durante essa Quarta Parte, as cores eram mais brandas e delicadas, destacando-se o azul e o rosa, como em *Nas voragens do pecado*, mas tudo envolvido em discreta penumbra, como se chovesse.

No decurso das cenas, nós nos sentíamos, por toda a parte, como que acompanhantes das personagens, a ponto de ingressar em um túmulo com o cadáver de um suicida, cujo Espírito se debatia no período das confusões, e chegando até a sentir o fétido da decomposição cadavérica. Reconhecemo-nos, igualmente, detidos no horror das antigas prisões europeias, cuja realidade antes não nos preocupava e nos era impossível avaliar. Conhecemos, então, detalhes repugnantes e atrozes, ali existentes, tais como imundícies e fétidos, o que até então ignorávamos houvesse existido nos ditos presídios. Chorávamos e sofríamos, exatamente como o faziam as personagens. Cenas, impressões e emoções repercutiam em nossas sensibilidades com intensidade profunda e inexplicável, não isenta de sofrimentos. Cremos que todas as potências com que Deus prendou nosso ser anímico encontravam-se, naqueles momentos sagrados, hiperestesiadas, ou seja, todas as nossas energias vibratórias se haviam exaltado ao grau máximo de nossas resistências espirituais. Por vezes, sobrevinha a fadiga, mas Charles reconduzia-nos o espírito para junto do corpo – ou tínhamos a impressão de que tal acontecia, não sabemos ao certo. – Víamo-lo, então, o corpo, arquejante e a suspirar profundamente. Vultos aéreos, não reconhecidos por nós, cremos que o tonificavam com terapêuticas celestes aplicáveis ao caso, pois que, então, sobrevinha grande alívio no estado geral e retomávamos aos acontecimentos, como dantes. Indagando, certa vez, da generosidade dos amigos espirituais sobre a razão por que nos eram facultadas tais visões, tão belas e empolgantes, antes que a entidade escrevesse psicograficamente a obra, favor que absolutamente não julgávamos merecer, eis a resposta fornecida pelo próprio Espírito Charles:

— Não se trata de favor... É apenas um dom natural, que possuis, assaz desenvolvido, como outros médiuns o possuirão, conquanto não seja tão comum como os demais dons. Um tipo de faculdade que, de outro modo, facilita o ditado psicográfico, porque armazena o cabedal necessário nas camadas mentais do instrumento mediúnico. Tornar-se-á indispensável a tal fenômeno, entretanto, a absoluta afinidade com o Espírito operante, uma sintonia de vibrações, por assim dizer integral, do médium com o "narrador"... Daí a dificuldade de ação e o fato de tornar-se o fenômeno pouco comum... Ainda assim, será necessário que exijamos do aparelho transmissor todas as energias vibratórias de que puder dispor, as quais ainda serão por nós outros elevadas por processos delicados, a fim de que se atinja a comunhão precisa, ou transfusão plena das duas mentes, que se deverão interpenetrar. Um fenômeno mediúnico, enfim, como qualquer outro. Processar-se-á, então, a sugestão forte, projetada pela entidade criadora da peça literária sobre o médium, e a que as tendências e disposições deste gostosamente se acomodam. Não poderíamos, assim sendo, fornecer assuntos que ao médium repugnassem, senão aqueles que exaltassem as suas sensibilidades. Esse é, aliás, o mesmo processo da obsessão. O obsidiado é um passivo que prazerosamente, por assim dizer, se submete ao fato e que conjuga vibrações, de modo completo, com seus obsessores. E quando ele afirma que está vendo isto e mais aquilo, realmente o vê, porque o seu dominador criou o fato, ou a figura, para ele, visto que *o poder de criar é uma força natural do pensamento, um ato da vontade de cada um*. Nesse caso, porém, e se tratando de forças inferiores, fatos e figuras serão deploráveis, porque oriundos de vibrações nocivas, em desarmonia com as leis do Bem e do Belo, causando, então, desequilíbrios

Devassando o invisível

impressionantes às duas forças que se chocam. Todavia, ao médium espírita, já enfronhado nos meandros de tais fenômenos, tais anomalias deixarão de acontecer, uma vez que estará habilitado a enfrentar, com serenidade, as sutilezas da faculdade psíquica. Daí o afirmarmos nós outros a soberana conveniência de os homens em geral se alistarem nas hostes do Consolador, a fim de se reeducarem, reconhecendo em si próprios os valores que possuem, as faculdades e possibilidades de que são dotados e os meios de dirigi-las para culminâncias recompensadoras, pois todos esses magníficos dons anímicos lhes foram conferidos pelas leis da Criação para que, por meio deles, possam servir à sua própria glória, servindo ao próximo e à causa da Vida imortal...

* * *

Não encerraremos o capítulo sem narrar o mais curioso fenômeno ocorrido na mencionada ocasião.

No desenvolver do drama assim entrevisto, há uma festa, um baile na residência de uma das personagens do romance, exatamente aquele Georges de Soissons, que encarna o *homem de bem* na moral da lição. A certa altura do referido baile, a que assistíamos como se presentes estivéssemos, a personagem central, Gaston d'Arbeville, põe-se a cantar uma "romanza" aos sons da harpa, cujos versos, de uma mestria e beleza patética, ouvíamos e compreendíamos. Perguntar-nos-ão, porém, se ouvíamos os versos em francês ou em português, visto as personagens da história serem francesas...

Responderemos que, no Além, durante nossos transportes, jamais qualquer dificuldade linguística nos perturbou, não obstante conhecermos exemplos de entidades, muito materializadas e inferiores, incapazes de acionarem as forças do pensamento, as quais usam o linguajar a que se habituaram quando encarnadas. Possuímos amigos espirituais franceses, brasileiros, portugueses, espanhóis, um polonês, um russo, vários mestres hindus e egípcios. Todos nos falam, nos aconselham e escrevem com o nosso lápis, ou se valem de nossa audição. Nós os entendemos perfeitamente, transcrevemos o que dizem... mas não sabemos em que idioma nos falam... Sabemos é que, acima de tudo, pensam! No entanto, distinguimos o "tom vocal" particular de cada um, pois que se trata de vibrações do pensamento e as vibrações diferem segundo o caráter de cada entidade, a tal ponto que reconheceríamos a "voz" de uma delas dentre centenas de "vozes". Ouvíamos, pois, e compreendíamos os versos da canção, eis tudo. E, como judiciosamente lembrou Allan Kardec, ninguém, e ainda menos um Espírito desencarnado de ordem elevada, pensa neste ou naquele idioma. Pensa, simplesmente. E aquele que possuir percepções capazes de compreender seu pensamento, entendê-lo-á naturalmente. Todavia, repetimos, Espíritos inferiores, e que foram de outras nacionalidades, quando homens, já nos falaram em idiomas que não nos foi possível compreender. Cremos tratar-se, esse fato, de particularidade para novos estudos.

Entretanto, Charles atraía-nos para a beira do corpo carnal em letargia, justamente quando a personagem Gaston cantava sua "romanza". Esse quadro deslumbrante, isto é, o salão feérico, inundado de uma cintilante luz azul muito pálido, regurgitante de convidados; o luxo e o brilho dos vestuários, Gaston tangendo a harpa e a cantar a melodia comovente, e até a fulgurância das joias por ele usadas no momento, tudo nos acompanhara para o nosso aposento de dormir e agora pairava no ar, clareando o recinto com a sublime luz em azul e branco que coloria as cenas. Talvez, porém, o quadro não nos acompanhasse propriamente, e sim nossa visão espiritual se distendesse, favorecida pelos recursos operantes, produtores do fenômeno, permitindo-nos alcançar, do aposento referido, as cenas mantidas na Espiritualidade, visto tratar-se de experiências feitas pelos obreiros do Invisível para possíveis revelações sobre o mundo espiritual. Não fomos informados a respeito e aqui apenas registramos as duas possibilidades. À proporção que os versos caíam da voz do artista, porém, nós os víamos escritos – *agora em bom português* –; pelo menos, essa foi a tradução feita por nossa mente. Eles pairavam no ar, como em uma tela, ao lado da cena e não abaixo, como em cinematografia aparecem as

Devassando o invisível

legendas, em enormes caracteres tipográficos estilizados, como góticos, luminosos, irradiantes, tremeluzentes como estrelas, parecendo estruturados em essências líquidas, igualmente brancos com irradiações azuladas. E Charles ordenou meio ansioso, revelando muita pressa:

— Levanta-te, toma do papel e traça, ligeiro, esses versos...

Nós, porém, nos sentíamos tão fatigados e sem forças! Respondemos negativamente, à beira do próprio corpo, a este vendo qual um cadáver:

— Não podemos! Estamos muito cansados! Não podemos...

— Sim, poderás! Levanta-te e escreve! Será a única forma de obteres versos do Além! Não és médium poeta! Escreve!

— Não, não poderemos! Amanhã, quando despertar, sim, escreveremos!...

— Será agora ou nunca mais!...

E manifestava ansiedade, talvez contrariedade, enquanto repetíamos:

— Amanhã escreveremos, prometemos... prometemos...

Certamente, a delicadeza e a bondade desse afetuoso Espírito não nos desejavam obrigar a novo sacrifício, que exigiria de nós maior porcentagem de esforços, pois não há dúvida de que ele nos poderia obrigar a atendê-lo. Na manhã seguinte, efetivamente, despertando do prolongado transe, recordamo-nos incontinente do fato, ainda recitando os versos e trazendo impressa na alma a melodia, que lembrava algo do primeiro movimento da "Sonata ao Luar", de Beethoven, melodia que por mais de uma vez Charles nos tem dado a ouvir, quando desses transes. Tomamos do lápis, ligeiros, excitados, recordando a advertência do terno amigo, pois conservamos sempre à cabeceira os utensílios de escrita, justamente para tais circunstâncias. No entanto, a chama espiritual que nos acionava se apagara, porque nem um único verso da bela peça foi possível traçar! Esquecemo-la completamente, ao nos reapossar definitivamente da matéria! Nem mesmo posteriormente, quando Charles se apresentou para escrever o romance, tal coisa foi possível!

* * *

Terminada a exposição de Gaston e de Victor Hugo, vimo-nos levados pelo instrutor Charles à presença do grande escritor, que nos agraciara com uma peça literária, como sói fazer-se na Espiritualidade. Compreendemos que aquele amigo nos apresentava como possível instrumento para transmissão da história aos homens, no feitio educativo de moldes espíritas. Victor Hugo fitou-nos com olhar profundo, perscrutador, como que devassando todos os escaninhos das nossas possibilidades psíquicas. Depois, voltou-se para Charles:

— Haveria muito trabalho em prepará-los a meu gosto... Escreve tu, por intermédio dela, pois conheces os fatos expostos, és intelectual, conheces a Filosofia e a Moral espíritas e possuis ascendência sobre ela, a médium... Tece o enredo à tua vontade, adaptando-o à Filosofia que esposamos...

Alguns dias mais e Charles traçava, por meio da psicografia, a exposição romântica do citado drama, sem conclusões morais e filosóficas. E advertiu, em seguida:

— Guarda o trabalho. Posteriormente obterás instruções...

Vinte e cinco anos mais tarde, isto é, ao findar o ano de 1955, apresentou-se novamente esse amigo, com as prometidas instruções:

— Fui incumbido de escrever definitivamente a história de Gaston... Ele se encontra reencarnado desde o ano de 1931... e certamente lerá a própria história nesse livro, porquanto também milita nas hostes do Consolador, já que, graças aos Céus, perseverou no ideal espírita, uma vez reencarnado...

Com efeito, rapidamente, Charles reviveu o enredo romântico, adaptando-o à Doutrina Espírita... e o drama, assim desenrolado no Além, como num teatro modelar, *durante um arrebatamento do nosso espírito*, narrado pelo talento de um escritor genial, e escrito pelo instrutor espiritual Charles, intelectual e artista de grandes possibilidades, por meio da psicografia mediúnica, foi publicado pela FEB para homenagear o Centenário da Codificação, sob o nome de *Amor e ódio*.

Quando, terminada a leitura do livro já impresso, nós o colocávamos em nossa humilde estante, amargo desapontamento adveio e murmuramos tristemente:

— Não transmitimos fielmente o que os nobres expositores espirituais desejaram dizer aos homens! A obra escrita ficou muito aquém da realidade que me deram a presenciar no Espaço. Meu Deus! a palavra dos Espíritos, seus recursos criadores são poderosos demais, demasiadamente intensos e lindos para que nós, pobres seres humanos, possamos realmente traduzi-los para a nossa imperfeita e tão rude linguagem terrena...

O AMIGO BELETRISTA

"De novo o transportou o diabo a um monte muito alto, e mostrou-lhe os reinos do mundo, e a glória deles. E disse-lhe: Tudo isto te darei, se prostrado, me adorares. Então disse-lhe Jesus: Vai-te, Satanás, porque escrito está: Ao Senhor teu Deus adorarás, e só a Ele servirás. Então, o diabo o deixou; e eis que chegaram os anjos e o serviram."[33]

(*Mateus*, 4:8 a 11)

Os mais ásperos testemunhos costumam ser exigidos dos médiuns antes que eles se decidam a assumir a tarefa, prestando-se a trabalhos de grandes responsabilidades, se é que nos labores mediúnicos existirão desempenhos de responsabilidades menores. A famosa iniciação, outrora exigida nas escolas de doutrinas esotéricas, para se formarem os oráculos, os profetas, as sacerdotisas etc., não seria, certamente, um mito, mas necessidade que nos dias presentes parece clamar pelas atenções gerais, a fim de que o intercâmbio entre a Terra e o Invisível se exerça ainda com maior segurança e facilidade. Não ignoramos que a Codificação espírita não trata dessa iniciação, pois que popularizou a possibilidade do

---

[33] N.E.: Poética alegoria evangélica, tão do gosto da literatura oriental, noticiando as prováveis insistências dos admiradores do Nazareno para que aceitasse o trono de Israel e se tornasse rei. Indicam, ainda, as tentações com que o mundo rodeia todos aqueles que se derem aos labores dos ideais divinos.

intercâmbio espiritual, declarando mesmo, taxativamente, que, para se comunicar o homem com os Espíritos – "não há necessidade alguma de preparo ou iniciação".[34]

Realmente, para nos comunicarmos com os Espíritos não será necessário senão possuir dons mediúnicos. Todavia, os fatos e a experiência testemunham que, para a mediunidade apresentar bons frutos, será preciso algo que poderemos classificar de iniciação. Os instrutores espirituais, por sua vez, assim como os demais ensinamentos firmados pelos colaboradores de Allan Kardec, são incansáveis em advertir os médiuns quanto a uma elevação de vistas, no exercício da faculdade, uma renovação cuidadosa do próprio caráter, um critério e uma reeducação à base do Evangelho, que outra coisa não seriam senão uma iniciação, conquanto efetivada à revelia de imposições acadêmicas e inteiramente subordinada à boa vontade, ao esforço e ao discernimento do próprio médium, sem sequer o afastar da sua vida comum de relação, o que parece mais meritório e honroso do que as antigas iniciações realizadas sob o jugo férreo das academias de doutrinas secretas.

Desconhecemos se com os demais médiuns se passarão os fatos que conosco se passaram, marcando o estabelecimento definitivo de nossas tarefas mediúnicas. É possível, porém, que, pertencendo, como espírito, a uma falange de iniciados orientais (hindus e egípcios), como pupila e aprendiz, que se reeduca sob sua assistência espiritual, nada mais se verificasse do que a tradição esotérica da iniciação, não obstante feita à sombra do Consolador e fora do seio de academias... pelo menos de academias terrenas, pois poderemos, sim, pertencer a escolas ou academias espirituais, subordinados às suas exigências e programações, ignorando-o, porém, durante a vigília, mas tudo abrangendo no estado de sono ou de transe. O que sabemos é que, no que nos diz respeito, houve um verdadeiro trabalho de iniciação, o qual vem exigindo longo tempo de nossa perseverança e dedicação ilimitada, pois que não terminaram

---

[34] N.E.: *O céu e o inferno*, de Allan Kardec. Primeira Parte, cap. X, item 10.

ainda os testemunhos exigidos pelos mestres espirituais, testemunhos que lembrariam os dos antigos pretendentes aos segredos esotéricos, nas escolas de ocultismo do passado. E tais provas tanto se realizam sobre a Terra, ligadas aos acontecimentos diários, como no Invisível, durante os desprendimentos em corpo astral a que nos têm obrigado os queridos instrutores.

Silenciaremos quanto à natureza de muitos testemunhos terrenos, não os confundindo, embora, com as provações e os resgates oriundos de deslizes do pretérito reencarnatório, que nos foi necessário expurgar definitivamente, em uma como renovação de valores, indispensável ao nosso progresso normal como ao mandato mediúnico. Apenas adiantaremos, como curiosidade a ser examinada pelo leitor, que os mesmos testemunhos – espécie de exame prévio de um candidato a um curso escolar – se constituíram de provas de firmeza e equilíbrio em todas as contingências sedutoras da vida humana, ou seja, de todas as tentações risonhas que tendessem a nos desviar da boa rota, de dificuldades e peripécias, não faltando nem mesmo a tentação brutal do próprio roubo! Tais testemunhos foram admiravelmente dosados e seriados pelos instrutores espirituais, tal como se verifica nas provas em uso nos nossos institutos de ensino. Custaram-nos eles os testemunhos, uma vida inteira de atribulações e lágrimas, de sacrifícios, de desilusões e renúncias, e devemos confessar aos que nos lerem, que, de todas as provas que tivemos de oferecer à doutrina do Mestre, para podermos ser admitidos, como cooperadores, no corpo de servidores investidos de tarefas também no Invisível, a mais difícil, a mais penosa para o nosso caráter ainda inferior, foi a do perdão.

Perdoar! Todavia, perdoar ofensas graves, conforme recomendam os ensinamentos do Senhor, como é difícil! Cremos mesmo que, num sentido geral, é o que nós, criaturas humanas, aprendemos a exercer em derradeiro lugar, pois o perdão, sendo modalidade do amor ao próximo, é tão elástico e profundo como o próprio Amor. Somente Deus saberá qual o grau por nosso espírito conquistado ao sair desse pesado acervo de testemunhos. A grande paz que hoje visita nossa consciência, todavia, avisa-nos de que tantas lágrimas e humilhações, tantas lutas e desilusões, sofridas desde o berço, conferiram ao nosso ser a graduação necessária aos pequenos mandatos que, como medianeiros admitidos nos labores do Invisível, nos têm sido confiados.

Declaramos ter como instrutores e mestres espirituais, responsáveis por nosso progresso na existência presente, pelo menos, Espíritos hindus e egípcios. Talvez, por isso, estas particularidades de iniciação rigorosa resultem dos métodos das escolas a que tais instrutores se prendem no Espaço, como se prenderam na Terra, e não seja o fato, ou a exigência, de ordem tão geral como se poderia supor. O certo é que até mesmo nossos estudos doutrinários, nossos trabalhos espirituais, nossas leituras, e até passeios e diversões, são por eles dirigidos, sob o máximo rigor e método invariável. E quanta renúncia tudo isso nos há custado! Escolhem os livros que devemos ler, suspendendo, por vezes, leituras doutrinárias, para que não sobrevenha o fanatismo, e advertem-nos da inconveniência dos jornais! Apontam-nos as horas de trabalho, as companhias e os amigos, os Centros Espíritas a frequentar. Desviaram-nos o matrimônio das preocupações, desde antes dos 20 anos. E se amarguras colhemos, insistindo em ilusões do gênero, reconhecemos que provieram da desobediência aos seus conselhos. Pertencendo a uma família na qual havia bons intérpretes da Música, fomos impossibilitados igualmente de estudá-la, não obstante a grande vocação, pois nos diziam os instrutores hindus, vendo-nos insistir nas tentativas de um curso de piano:

— Somente um caminho deverá existir à tua frente: a doutrina do Cristo, o Consolador! És espírito reincidente em erros graves, a quem se cogita, do Invisível, de auxiliar a se reerguer, agora que a seleção dos valores existentes no planeta será feita, para o advento da Luz. A Música virá mais tarde, com o dever cumprido. Obterás compensações às lágrimas que chorares pela impossibilidade desse ideal.

E, com efeito, temos tido essas compensações, quando, nos dias atuais, vemos diante de nós, caridosamente materializados, para que nos seja possível enxergá-los detalhadamente, esses abnegados mestres de iniciação, belos e sábios, a quem veneramos com todas as forças da alma, aos ternos amigos Bezerra de Menezes, Charles, Frédéric Chopin, Léon Denis, Léon Tolstoi e muitos outros cujos nomes jamais foram revelados. O carinho que nos dispensam, a dedicação e bondade de que cercam o nosso espírito todos os amigos do plano invisível, desde esses mestres até pobres sofredores e criminosos recém-convertidos, aos quais temos podido socorrer sob a direção dos nossos guardiães, são hoje a melhor recompensa às provações e aos desgostos que acompanharam nossa vida, desde o berço.

***

Muito jovens ainda, obtínhamos do Além muitos ditados de ordem particular, para sofredores do corpo e do espírito, num "posto mediúnico" de antiga "assistência aos necessitados", e também os esboços das primeiras obras destinadas ao público, recebendo ordem do Espaço para conservá-los à espera de oportunidade, para possível publicação. Certa noite, após o receituário no Posto Mediúnico do Centro Espírita de Lavras, serviço que, por esse tempo, era diário, apresentou-se à nossa visão um Espírito cuja configuração perispirítica mais se assemelhava a um homem terreno do que mesmo a um habitante do Invisível. Disse-nos ele, sem rodeios, haver vivido no Rio de Janeiro e em São Paulo e ter desencarnado no ano de 1911. Negou-se, no entanto, a declinar o nome, embora lhe houvéssemos solicitado a fineza de no-lo esclarecer, porquanto, ainda hoje, não gostamos de tratar com Espíritos anônimos. Não obstante, declarou ter sido um escritor, ou beletrista, e que, então, apesar de desencarnado, alimentava ardentes desejos de continuar escrevendo, pois que, como Espírito, descobrira na vida dos homens e nas recordações de outros Espíritos, como ele desencarnados, assuntos preciosos para romances, novelas e estudos psicológicos, de grande interesse para o público. Convidou-nos, após, a segui-lo, em espírito, para que nos descrevesse o primeiro caso, ou tese, que desejava ditar por nosso intermédio, visto que simpatizava extremamente com nossa pessoa e sabia como acionar a mente mediúnica para escrever um trabalho longo. Esperava, porém, poder narrá-lo de "viva voz", primeiramente, antes de iniciar o ditado psicográfico, pois que, se pudéssemos penetrar, com a própria visão, o que ele já estabelecera na mente como entrecho da sua história, fácil se tornaria o ditado, a escrita, quer para ele quer para nós, pois bastaria pequeno impulso vibratório de sua mente para que o entendêssemos bem e acelerássemos a tradução, uma vez que já se encontrariam em nosso pensamento os elementos principais, tornando, assim, dispensável *criar* em nosso cérebro, à força de irradiações e sugestões, qualquer cena ou panorama.

O discurso interessou-nos, e não só o consideramos bonito como até lógico. Não obstante, oramos, confiando-nos fervorosamente à assistência dos mentores espirituais, pedindo mesmo seu auxílio, porquanto somente nos interessariam acontecimentos mediúnicos que se pautassem pela obediência às leis da Verdade e fossem do agrado deles próprios, os guardiães. Aquiescemos, pois, em atender ao visitante, seguindo-o em corpo astral, desde que os guias não impedissem o intento, porém, somente o faríamos na noite seguinte. Entretanto, nenhuma intuição, nenhum conselho nos aclarava a indecisão. Os instrutores não desejavam intervir... e compreendemos, então, ser o assunto pertinente ao nosso livre-arbítrio...

Na noite seguinte, dormimos sossegadamente o primeiro sono, sem que nenhuma anormalidade sucedesse, como sói acontecer, dado que o desprendimento apenas se verifica achando-se o médium desperto, condição para que se processe o sono magnético. Poucos minutos depois da meia-noite, porém, havendo despertado naturalmente, distinguimos à beira do nosso leito o Espírito que se apresentara na véspera, ao qual chamaremos Beletrista, à falta de um nome que melhor o qualifique, e, em seguida, caímos em transe letárgico, num "arrebatamento do espírito" para o plano invisível. O processo para o desdobramento verificou-se exatamente como se dá sob a direção de Charles, dos hindus ou de Bezerra de Menezes, o que leva a crer tratar-se de mecanismo próprio da faculdade em si mesma, que independe de agentes superiores para seu exercício. De outro modo, acreditamos que a vigilância daqueles excelentes amigos se verificava a respeito do caso, sem, contudo, tornar-se suspeitada sequer pela intuição, pois assim mesmo deveria ser, uma vez que se tratava de *prova de responsabilidade*, um testemunho cuja gravidade o próprio leitor avaliará dentro em breve.

Afastado nosso espírito do corpo carnal, foi-nos possível examinar melhor a configuração desse habitante do Invisível, que tão atenciosamente nos procurava para um trabalho no seio da Doutrina por nós esposada. Compreendemos, imediatamente, tratar-se de entidade não evoluída moral-espiritualmente, conquanto não fosse igualmente nociva, ou uma individualidade de ordem muito inferior. Moralmente, apresentava-se medíocre, visto não ser evangelizada, não estar espiritualizada. Intelectualmente, seria adiantada, dado que fora um escritor, um homem douto, pois que fora também médico na Terra, inteirando-nos nós desta particularidade, não porque ele, o Espírito, no-la revelasse, mas graças ao anel de grau que lhe cintilava no dedo anelar da mão esquerda. Espiritualmente, porém, vulgaríssimo, necessitado de tudo, visto que estávamos já no ano de 1930 e ele confessava haver deixado o fardo carnal em 1911, sem, no entanto, ter abandonado ainda os perímetros terrenos, o que, aliás, se deduzia de sua aparência fluídica pesada.

Uma vez completado o desprendimento, ofereceu-nos ele, gentilmente, o braço, cavalheiro fino que parecia ter sido quando encarnado, e pusemo-nos a caminhar. Nós nos sentíamos tranquilos, compreendendo em nós mesmos bastante vigilância para não nos deixar arrastar a nenhuma aventura espiritual que redundasse em domínio obsessor, pois confiávamo-nos aos guardiães, aos quais solicitáramos assistência para o caso, na véspera, embora, no momento, não lográssemos descobrir nenhum deles à testa dos acontecimentos.

Caminhávamos por uma estrada ou rua sem calçamento, mas de terreno muito batido, polvilhada de uma substância fina, de cor creme brilhante, qual areia dourada, e notamos que subíamos ligeira inclinação, durante todo o percurso. Quanto tempo levou o trajeto não poderíamos precisar. Jamais se poderá medir o tempo nessas circunstâncias, ainda que se trate de poucos minutos. Pelo menos assim sucede, frequentemente, conosco... Ao desejar fazê-lo, a mente se perde em vertigens e confusões... de forma que não se poderá saber, ao certo, se uma caminhada foi longa ou breve, instantânea ou demorada. De um e outro lado da referida estrada, julgamos perceber vegetação, sem lograrmos averiguar positivamente o fato, visto existir escuridão nas margens e somente a estrada parecer iluminada. Não sabemos se se tratava de uma realização de além-túmulo, esse caminho melancólico. Algumas paisagens fluídicas tanto se assemelham às da Terra que, muitas vezes, será difícil distinguir com exatidão a natureza da sua construção. Acresce a circunstância de que a própria Terra se torna diferente por meio da visão espiritual, tudo parecendo mais belo, como que envolvido em fluidificações brancas com reflexos levemente azuis. Outras, no entanto, conquanto se assemelhem às da Terra, são inconfundíveis pelo padrão de beleza e encantamento, que se impõe à vista.

Durante o trajeto, pusemo-nos a observar as particularidades que teriam caracterizado a personalidade humana do amigo espiritual que acabávamos de adquirir, exatamente como sucede quando satisfazemos ociosas curiosidades a respeito das pessoas a quem somos apresentados em sociedade. Observamos-lhe a indumentária, a "voz", um trejeito particular dos lábios, ao "falar" com mais energia, a irritação nervosa (teria sido um homem irritadiço), o perfume da brilhantina com que empastava os cabelos, o lenço fino, de seda pura, de cor creme, que trazia no bolso externo do paletó, sobre o peito, e que de vez em quando retirava, nervoso, para passar pela fronte e o rosto; punhos e colarinhos muito engomados e brilhantes. Seu terno era de cor cinza, um perfeito terno terreno, porém, o "tecido" um tanto brilhante e o paletó longo, amplo, com uma abertura de cerca de vinte centímetros na costura das costas, exatamente da bainha para cima; sapatos pretos muito polidos; cabelos lisos e abundantes, partidos para o lado esquerdo, formando volumoso topete. Era de tez clara, glabro, e contaria, aproximadamente, 40 anos.

Durante o giro conversou com desenvoltura, revelando-se excitado, e narrou particularidades chocantes de sua vida, das quais, porém, não nos pudemos recordar após o transe, certamente graças à ação caridosa dos instrutores espirituais para com ele próprio. Recordamo-nos, apenas, de que sua preocupação máxima era a falta do divórcio no Código Civil Brasileiro, o que, em sua opinião, comumente arrastava criaturas, dele necessitadas, a situações deploráveis, de que se originavam desequilíbrios embaraçosos em torno delas próprias e no seio da sociedade. Recordamo-nos, ainda, de nos ter asseverado que profundo esgotamento nervoso, verdadeiro estado traumático, acometera seu organismo terreno; que esse acidente degenerara em neurastenia dominante, e que isso lhe acarretara a morte. Que, moralmente, muito sofrera neste mundo e continuava sofrendo como Espírito, não obstante, no momento, já se achava conformado com o inevitável. E que, no Além, era acusado, por outros Espíritos, de haver praticado o suicídio, de que lhe resultara a morte prematura, mas que ele disso não se lembrava absolutamente, e nem sequer jamais pensara em recorrer a semelhante alvitre, a fim de escapar às lutas morais que o assediaram, e, se tal realmente se deu, como médico, que era, somente poderia atribuir o fato a um ato irrefletido, durante alguma crise da sua deprimente neurastenia.

Efetivamente, esse Espírito, que irradiava simpatia, embora sem pertencer a uma ordem elevada do mundo invisível, nenhum característico dos Espíritos suicidas apresentava, o que confirma a versão de que os neurastênicos que se matam durante um acesso do terrível mal não passam pela aspereza das repercussões conscienciais comuns à maioria dos suicidas, conquanto hajam de arrostar a responsabilidade dos atos que tenham dado origem ao grande desequilíbrio nervoso por que se deixam vencer.

Profunda afinidade espiritual resultou desse colóquio, durante o qual nos sentimos invadir de sincera compaixão pelo irmão que tão gentilmente nos procurava, confiante, para desabafo do coração torturado pelos infortúnios. E foi com o máximo prazer e um devotado interesse pela sua causa que nos dispusemos a ouvir, ou antes, a "ver", a narrativa do romance que ele desejava ditar aos homens por nosso intermédio.

Chegáramos, no entanto, ao término do giro encetado. Disse Beletrista:

— Criar a ambientação para a minha história, consolidá-la, mantê-la, para que o médium a compreenda como uma realidade, será para mim dificílimo, conforme já expliquei. Poderia fazê-lo, porém, imperfeitamente. Meu pensamento, pouco adestrado, mostraria intermitências, vacilaria, produzindo cenários escassos, indecisos, defeituosos, conforme estou habituado a observar aqui, entre companheiros de infortúnio que se propõem narrar as próprias desgraças, uns para os outros. Prefiro reconhecer que se trata de talento psíquico de ordem moral-intelectual elevada, que não possuo... e nem sei se o possuirei algum dia... Narrar a história-recordação, porém, somente os fatos que realmente se desenrolaram, evocando-a detalhadamente, no próprio ambiente ou cenário em que se passaram, sim, ser-me-á possível... Ela vive em mim, a história, dentro do meu ser! É a própria força do meu sentir, o meu drama íntimo, o sentimento de que se impregnou todo o meu ser moral, e minhas vibrações totais estão deles tão saturadas que eu mesmo não compreendo como V. Exa. (tratava-nos finamente, a prezada entidade) não está percebendo cenas das recordações queridas e dolorosas que esvoaçam em torno de mim... pois não ignoro que os médiuns espíritas possuem um segundo poder de percepção e de visão que escapa aos demais homens...

— Assim é, meu caro irmão – respondemos, interessando-nos mais pelo companheiro espiritual. – É espírita, porventura?... Pois as entidades desencarnadas podem participar de quaisquer crenças ou opiniões religiosas ou filosóficas...

O singular acompanhante teve um gesto algo incerto, não destituído de certa graça, e respondeu delicado e sincero:

Devassando o invisível

— Minha excelente senhora... Eu sou, apenas, um "homem" que sofre... e a quem a morte ainda não consolou nem liberou de profundas apreensões e muitos desgostos... Creio na existência de um ser Todo-Poderoso, ao qual respeito... é o que muito lealmente posso afirmar... Creio, mas não o compreendo, nem tampouco as leis por Ele criadas... Não pratiquei jamais qualquer religião, pela simples razão de que não possuía nenhuma, como não possuo até agora... Se ainda fosse um homem carnal, minha religião seria a Ciência, pois eu amava profundamente a Medicina... e, além desta, a minha crença no Autor do Universo... Mas sei que já não sou um homem, no sentido literal do termo, e por isso não mais poderei exercer a Medicina ou dedicar-me à Ciência... Perdi ambas, quando me depositaram em um túmulo, convencidos de que eu deixara de existir...

— Como espírita que sou – acudi, impressionada pelo tono de tristeza profunda com que tais frases eram pronunciadas –, eu vos afirmo, caro irmão: o Espírito de um médico, mesmo depois de abandonar o corpo carnal, pela morte deste, poderá ainda exercer o sacerdócio da Medicina por muitas formas diferentes, das quais a mais comum é a do ditado mediúnico, por intermédio dos chamados "médiuns receitistas", para o tratamento da saúde de muitos doentes que acorrem aos Centros Espíritas... E poderá também cultivar a Ciência em geral, quer nas regiões de além-túmulo, quer na Terra entre os homens, a estes auxiliando discretamente, em estudos e experiências da especialidade a que se dedicou... e, assim, servindo ao Progresso, à Humanidade e a Deus, também se eleva honrosamente no próprio conceito...

— Essa honra, minha senhora, ainda não me foi dado alcançar, depois da morte... Disseram-me serem necessárias tantas e tantas qualidades pessoais, para que tal seja permitido... Renovações, renúncias... e eu não me sinto ainda bastante forte para um novo curso de Medicina, todo especial, neste lado da Vida... Aliás, vivo ainda na Terra, mesmo como Espírito, e não propriamente no além-túmulo... Prendo-me a um passado que me tortura e me encanta, que me desola, mas que também é a única recordação consoladora que me resta... E para suavizar tantas amarguras e tanta solidão foi que procurei V. Exa, a fim de escrever algo que me distraia e ajude a esquecer...

— E como soube que existo?... Como me pôde descobrir?...

— Se eu fosse um homem, responderia como tantas vezes ouvi, outrora, em nossa gíria nacional: "Força de simpatia!..." Mas um Espírito, um médico, dirá: a afinidade dos sentimentos e ideais impelem e atraem as almas umas para as outras... tal como, na Química, duas substâncias se atraem e unificam para uma realização concludente...

Compreendemos que Beletrista necessitava de tudo e, também, que seu esclarecimento não seria, certamente, serviço para nossas possibilidades, mas resultado dos esforços dele próprio, através do tempo e da boa vontade que desejasse mobilizar em benefício do próprio progresso. Silenciamos, portanto, dispondo-nos a atendê-lo na sua presunção de escritor espiritual. A essa altura, porém, encontrávamo-nos à frente de uma residência terrena, em estilo bastante antigo, espécie de "chalé" normando, mas confortável e bonita, com amplo jardim em torno, sombreado de pequenas palmeiras e arvoredos frondosos, os quais imprimiam à habitação certo aspecto senhorial. Tufos de folhagens, como tinhorões, begônias e samambaias, se misturavam a gerânios e cravinas multicores, dando feitio gracioso aos canteiros que se delineavam, aqui e ali, dentro do silêncio da noite, aclarados por um reflexo delicado, como de luar, o qual deitava luz bastante para tudo se distinguir. A casa, silenciosa e sugestiva, foi-nos franqueada. Vimos Beletrista abrir a porta e fazer-nos entrar em primeiro lugar, num gesto cavalheiresco, muito embora soubéssemos que um Espírito desencarnado, ou mesmo encarnado, mas no estado de desprendimento, atravessa qualquer corpo, por mais denso que seja, sem necessidade de abrir passagem. Notamo-lo porventura mais entristecido, ao penetrar o interior do gracioso "chalé". E ouvíamos que dizia, quase soturnamente:

— Nesta casa residiu a mulher que amei, durante a sua vida quase toda... Maria Elisa, a minha Elisinha... Acolá, o velho piano de sua mãe, no qual ela própria ensaiou os primeiros acordes de música... e o seu retrato, ainda conservado por parentes que a amavam e lamentavam o seu dramático destino...

Um sentimento de ternura profunda envolveu-nos o coração, decerto o mesmo sentimento que nosso acompanhante experimentava à evocação da criatura amada, e sofremos, com ele, a amargura da saudade que lhe despedaçara o coração. Era uma jovem bela e sorridente, trajada e penteada segundo os modelos do início do presente século. Lembramo-nos então de que, em nossa casa paterna, ao tempo de nossa infância, existiam fotografias de nossa mãe e de nossas tias apresentando modelos idênticos, e sorrimos, dizendo ao sentimental amigo Beletrista:

— É uma imagem do fim do Romantismo... Linda, com efeito...

Ele sorriu também, enternecido, parecendo reconfortado com a nossa apreciação.

— Sim! – afirmou ele –, Maria Elisa era alva, loura e bonita... Tão bonita quanto desgraçada...

Convidou-nos, em seguida, a sentar numa poltrona de velho jacarandá, sentando-se ele próprio à nossa frente. E foi ali, naquela casa que abrigara a mulher que ele amara, embalado pelo encantamento da atmosfera da própria ambiência, que ainda conservaria as vibrações do drama então vivido, com as imagens das cenas fotografadas nas ondas etéricas que repletariam o recinto, que o amigo Beletrista narrou ao nosso entendimento espiritual o que desejaria escrever por nosso intermédio, numa crítica dolorosa ao Código Civil Brasileiro, pela ausência do divórcio, ausência que, comumente, segundo ele próprio, desgraçando corações muitas vezes nobres e generosos, concorre para lamentáveis desequilíbrios no seio da sociedade e da família. Fê-lo, porém, agitado, por vezes presa de incontidas revoltas, por vezes banhado em lágrimas insopitáveis. Mas não conseguia projetar os pensamentos com verdadeira mestria, de modo a imprimir aos quadros das suas recordações a beleza e a sequência admirável usadas na literatura espiritual do gênero. Seus coloridos eram de cor cinza, com trechos amarelados e, de vez em quando, rajados de vermelho, dando a impressão de jatos de sangue a contaminar as cenas, o que indicaria, exatamente, a natureza de suas preocupações mentais, absorvidas nas lembranças do trágico desfecho da sua vida sentimental, como apreciaremos mais adiante.

Não nos permitiremos reproduzir, nestas páginas, o drama integral a que assistimos, vivo e patético, reproduzido, pela palavra espiritual da Entidade, com todas as minúcias da boa forma literária terrena, não obstante muito deixasse a desejar como literatura espiritual. E, assim agindo, nada mais fazemos do que observar ordens dos mentores espirituais, pois a dita história, sofrendo a rejeição desses vigilantes amigos, conquanto se apresentasse dramática, profunda e comovente, não poderia ser apresentada ao público sob os auspícios da Doutrina Espírita. Diremos, todavia, a título de curiosidade, para observação e meditação do leitor, que o exposto por Beletrista, como o seu drama pessoal, é a história de uma jovem terna e sonhadora, abandonada pelo marido no segundo ano dos esponsais, o qual a ela preteriu pelas aventuras incertas de uma vida sem responsabilidade; a quem um sedutor, após, impele a faltar com os deveres de dignidade pessoal, e que, em consequência, se torna mãe de uma linda criança, que era o seu enlevo e o consolo das amarguras diárias provindas da lamentável situação. No entanto, esse primeiro amante, brutal e tirano, torna-lhe a vida infeliz e tormentosa e a separação se impõe como necessidade inadiável. Surge, então, Beletrista, amoroso e sentimental, amando-a devotadamente pelas suas próprias desditas, qual generoso e romântico salvador... mas a quem ela não poderá desposar, porque as leis civis, no Brasil, não o permitem, visto ser casada e não ser admitido o divórcio em nossas sociedades... Amam-se, entretanto, e a felicidade embala seus corações, durante algum tempo... pois que, em breve, ressurge o espectro do passado, na pessoa do primeiro amante, que entra em lutas despeitadas e tentativas violentas para desunir o casal e arrebatar-lhes a criança... Arrebata-a, com efeito, depois de mil processos angustiosos, muito embora não consiga destruir a terna afeição que une os dois apaixonados... Todavia, Maria Elisa, não suportando a dor de viver sem o filho querido, exausta de tantos desgostos e desilusões, impacienta-se, enquanto Beletrista se desdobra em esforços para reaver o entezinho adorado... e, num momento de desalento e saudade, suicida-se, incapacitada para continuar lutando. Desesperado, inconsolável, traumatizado pelo golpe irremediável, Beletrista adoece e sobrevém a neurastenia...

* * *

Uma vez terminada a narrativa, extraída dos refolhos do seu ser, o que quer dizer que ele, o expositor, viveu novamente, intensamente, todos os seus atrozes lances, e ainda desfeito em lágrimas, como no próprio dia em que, regressando dos serviços da sua clínica, encontra Maria Elisa morta, com o revólver ao lado e uma bala no coração, estendida sobre um tapete de sangue já coagulado, o infeliz amigo desencarnado perguntou-nos:

— Quando poderemos escrever esse drama? Acredite, minha senhora, seria um refrigério para o meu coração poder escrevê-lo!

Ponderamos-lhe, porém, que o drama, que tanto o atormentava, além de encerrar uma história brutal e, por assim dizer, vulgar em nossos dias, quando os jornais diariamente apresentam à publicidade dezenas de dolorosos casos idênticos, não estampava o caráter moral e doutrinário exigido para uma obra espírita:

— Rogamos-lhe procurar-nos amanhã... Pediremos instruções aos meus conselheiros espirituais... Nada poderemos decidir sem ouvi-los...

Ele acompanhou-nos cavalheirescamente, de retorno ao corpo carnal, não mais pronunciando, sequer, um monossílabo.

Na noite imediata, ainda no próprio Posto Mediúnico onde atendíamos aos trabalhos de receituário, num intervalo dos mesmos, durante o qual permanecíamos à espera de novos prováveis pedidos, mas ainda em prece e meditações, apresentou-se o nosso amigo da véspera, a procurar a resposta prometida. Recordamo-nos de que, então, se encontrava profundamente preocupado e triste, o que nos compungiu, infundindo-nos a ideia de elevar uma súplica a Jesus, em sua intenção. Não obstante, ele nada dizia, nem interrogava, permanecendo discreto, em humilde silêncio. Compreendendo que não podíamos deixar de atendê-lo, travamos uma conversação telepática, tão vivaz, precisa e fiel, que nos parecia ouvir-lhe o murmúrio da voz, ou das vibrações mentais, que se afiguram ao médium uma perfeita voz humana, retratando até mesmo o tom vocal característico da personalidade que as emite. Dissemos-lhe, pois:

— Meu irmão! Muito nos penaliza declarar-lhe não nos ser possível servir de intermediários para o seu ditado aos homens!

Continuou em silêncio e nós prosseguimos:

— Sim, porque uma obra patrocinada pela Doutrina Espírita há de apresentar também as conclusões morais, o ensinamento instrutivo das consequências dos erros praticados pelas suas personagens... Na sua triste história – perdoe-nos dizê-lo – existe adultério generalizado e suicídio... mas nenhuma exposição moral analisando ambos... Existe amor e martirológio, mas nenhuma concepção doutrinária acerca dos fatos expostos... Como obra humana, de escritor terreno, seu valor igualmente seria relativo, pois que o assunto, em si, é a repetição de cem casos diários ocorridos em nossas sociedades, que preferem viver à revelia do respeito a Deus... Todavia, poderia ser literariamente bela, comovente, dado que fosse escrita com verdadeira arte... Mas, como obra mediúnica, seria falha, quiçá nociva...

— Negam-se, então, a me auxiliar?... – exclamou agastado, excitado.

— A auxiliá-lo não nos negaremos jamais! Teremos, mesmo, imenso júbilo em ser-lhe útil, de alguma forma... Porém, temos responsabilidades que talvez o amigo desconheça... as quais nos impedem atendê-lo no presente caso... Para que pudesse ser patrocinado pela Doutrina Espírita, seu drama precisaria reportar-se ao passado espiritual das personagens nele revividas, avançar pelo Invisível adentro, investigando as consequências espirituais das delinquências cometidas... acentuar a catástrofe que se abate sobre o Espírito infeliz que praticou o suicídio... Suas páginas, meu irmão, deveriam conter conceitos que consolassem o leitor, sujeito sempre a múltiplos infortúnios, e que se desespera ou desanima ante as lutas cotidianas, conceitos sorvidos nos Evangelhos do divino Mestre, que lhe apontassem, ainda, alvitres felizes do Consolador prometido, ou Espiritismo, para remediar suas próprias tribulações... ao passo que observamos ontem, em sua longa exposição, que nem uma só vez o nome de Deus foi pronunciado! Por tudo isso, com a leitura do seu drama, tal como foi narrado, as criaturas colocadas em situação melindrosa, na vida de relação, somente encontrariam, em suas páginas, o desânimo, o desespero, ocasionando o suicídio, a inconformidade e a paixão incontrolável, gerando a neurastenia e a descrença, que igualmente conduzem à morte prematura...

A entidade visitante bateu com força, com o punho fechado, sobre a mesa na qual trabalhávamos, e na qual o Evangelho do Senhor se encontrava exposto, e retrucou contrariada:

— Mas... a obra será boa, na sua estrutura realista, será comovente, dirigida por um coração que sofre a outros corações que também sofram, para que se reconfortem na certeza de que não são os únicos a sofrer!... E será bem escrita, garanto-lhe! Já disse que fui apreciado beletrista!...

— Não duvidamos, meu irmão, mas isso não será bastante! Nas obras literárias de caráter espírita será necessário algo mais profundo e rigoroso! O senhor, com esse drama, teria escrito para o sensacionalismo dos livreiros, para sucesso dos mostruários, talvez, obra forte, de um realismo brutal e contundente... e os médiuns espíritas somente deverão ser intérpretes de obras moral e espiritualmente educativas, consoladoras... ou, então, científicas, filosóficas...

— Vossa Exa. poderá assinar o seu próprio nome, visto que não me importa permanecer à margem... Ninguém precisará saber que a obra foi mediúnica... Poderá enriquecer, pois alegra-me poder concorrer para a sua abastança, porquanto estou informado das dificuldades monetárias que os afligem... Garanto-lhe inspiração e motivos sensacionais e inéditos, para uma fecunda literatura, ao gosto da maioria do público! Entre os Espíritos, como eu, há dramas tenebrosos, inacreditáveis, inconcebíveis, ricos de emoções e originalidades, e isso agrada sempre o leitor, e produz renome! Eu lhes contarei tudo, escreverei pela sua mão! Obterá um nome famoso na literatura nacional e quiçá no estrangeiro, glória, fortuna, admiração, adoradores!...

— A Doutrina Espírita ensina aos médiuns, meu irmão, que a fortuna de um intérprete do Invisível será a paz da consciência, e que a sua glória estará no dever cumprido, perante as Leis de Deus, como na renúncia ao mundo pelo amor ao Bem e à Verdade... Eles não poderão visar jamais a quaisquer lucros pecuniários, com a sua produção mediúnica... porque, se assim procederem, estarão incorrendo em penalidades graves perante a própria consciência e *a santidade do mandato que lhes foi confiado*... Não nos atraem, portanto, o renome que poderia conquistar com os favores que o irmão, muito bondosamente, pensaria em conceder-nos, "nem glórias terrenas e tampouco os tesouros que a ferrugem possa consumir e os ladrões roubar", tal como advertiu nosso divino Mestre... Dentro da Doutrina Espírita, somos reeducados no desinteresse dos bens temporais... Todavia, temos uma coisa para lhe dizer...

— Diga-a...

— Por que não inspira os beletristas terrenos, não espíritas, que desejariam glórias e fortunas?... Partindo do princípio psíquico de que todos os homens são influenciáveis pelo mundo espiritual, talvez esse alvitre viesse ao encontro dos seus desejos, visto não desejar aparecer como o verdadeiro autor dos trabalhos a serem escritos...

A resposta foi viva, peremptória:

— Não, não quero! Esses não me servem! Desfigurarão com suas próprias ideias e conceitos pessoais o que eu desejaria expor... Já o tentei várias vezes... mas deturparam quanto lhes soprei aos ouvidos... O trabalho tornou-se ridículo, detestável...

— Permite, então, um conselho?...

— Que importa meu destino, para que me desejem aconselhar?... Pois se me negam o favor de...

— Importa-nos muito profundamente o seu destino! A Doutrina que professamos exige do seu adepto o fraterno interesse pela sorte de todas as criaturas, as quais passamos a considerar irmãs muito queridas... Queremos, por isso mesmo, vê-lo feliz, meu irmão, recuperado, primeiramente, para Deus e para si próprio, e depois para as Belas-Letras e a sua Maria Elisa...

— Oh! creem, então, que, um dia, reencontrarei Maria Elisa?...

— Certamente que a encontrará! Depois que ambos se reajustarem aos rígidos princípios do dever e após resgatardes os débitos adquiridos durante os desvarios das paixões, oriundas da descrença em Deus! Encontrá-la-á, novamente, sim, que dúvida! Desde que seu sentimento foi sincero, apesar de infeliz e desequilibrado...

— Aconselhem-me...

— Faça, de início, um esforço para se acalmar esquecendo o passado, para só tratar do futuro, esquecendo as Letras, o amor infeliz! Como vê, é necessário, em primeiro lugar, a renúncia! E ore! O amigo não deverá esquecer que não mais é um homem, e sim um Espírito! Espiritualize-se, portanto, alçando a mente, todas as suas energias e vontades, para o mundo espiritual, ao qual pertence! E o primeiro passo para a grande renovação que se impõe na sua individualidade é a prece, a meditação acerca das Ciências celestes, e não a respeito do amor de uma mulher; o estudo da Filosofia Espírita... pois essa Filosofia é universal, abrange a Terra, os Espaços sem-fim, os mundos siderais, a alma das criaturas, o coração de cada um de nós... Procure adaptar-se ao conceito do amor a Deus e ao próximo... e calque nas profundidades do pensamento a saudade dos fatos que o torturam... Nesta casa, meu amigo, ora-se, estuda-se e trabalha-se, inspirando-se no amor de Deus e do próximo... Foi médico na Terra?... Ainda o é no Invisível, porque o sagrado patrimônio intelectual de cada um de nós é bem imortal, que jamais perderemos! Aqui, a esta casa, acorrem doentes, como poderá verificar... Acabamos de solicitar, dos médicos do Além, receituário para seus diferentes males físicos... Ajude-nos a aliviar suas dores, curando suas doenças físicas para, mais tarde, poder aliviar, também, os males morais de outros tantos enfermos... Ore conosco, assistindo metodicamente a nossos estudos e meditações... Convidamo-lo, mesmo, a estudar diariamente conosco, no silêncio do nosso aposento, que conhece... e preste atenção aos ensinamentos contidos nos livros que lemos e nos que nos dão as nobres entidades espirituais, que nos concedem a honra dos seus ditados mediúnicos... Depois... Depois, meu amigo, o caminho a trilhar por si mesmo se descortinará, permitindo a paz que há faltado ao seu coração, até hoje...

Nada respondeu, mantendo-se em triste silêncio. Conservou-se respeitoso, durante a prece para encerramento do receituário. Retirou-se vagarosamente, e por alguns instantes ainda nossa visão espiritual distinguiu-o, caminhando ao longe, por uma estrada ligeiramente inclinada, polvilhada de uma substância creme e meio cintilante... E pareceu-nos que chorava...

* * *

Não mais tornamos a ver essa individualidade espiritual, ou sequer tivemos notícias dela. Não indagamos, jamais, do seu paradeiro aos instrutores espirituais que nos assistiam, mas não a esquecíamos. Orávamos em sua intenção, durante nossos trabalhos, e a convidávamos a acompanhar-nos nos estudos diários das obras espíritas, que sistematicamente fazemos até hoje. Não mais pressentimos sua presença, nem qualquer intuição informativa a seu respeito. Quatro anos depois da sua visita, ou seja, pelo ano de 1934, fazíamos a seção "Sociais" para um jornal semanário do interior, de propriedade de um dos nossos irmãos. No momento de empunhar a caneta para traçar as primeiras linhas daquele noticiário, alguém do Invisível, que não conseguíamos identificar, arrebata-nos o braço, atira a caneta para o lado, toma do lápis e traça velozmente uma pequena novela, intitulada "Deodato", posteriormente publicada, em folhetins, por um conhecido jornal espírita do Rio de Janeiro. Esse trabalho, com todos os característicos dos ditados mediúnicos, recebido em momento impróprio, sem que nos houvéssemos preparado sequer com uma prece, sem que ao menos tivéssemos pensado em qualquer categoria de Espíritos, foi traçado tão rapidamente que não pudemos interrompê-lo senão para trocar de lápis, e quando, finalmente, a entidade comunicante modelou a última frase, e exclamou como de hábito em trabalhos congêneres:

— Ponto final!

Não após assinatura. Certos de que, absolutamente, não seria de nossa lavra a produção literária que acabávamos de compor, pois que somente escrevemos sob influência dos Espíritos, ainda quando o trabalho se afigure nosso como acontece com o presente volume, rogamos à entidade enternecida, sentindo ainda a sua presença e a ternura que nos invadiu, dulcificando nosso coração:

— Querido irmão, muito agradecemos a benevolência da vossa presença... com a mimosa dádiva literária com que nos presenteais... Que o Senhor vos ilumine e abençoe, tornando-vos feliz na Espiritualidade... Tende a bondade de assinar o vosso trabalho...

Esperávamos, mas a entidade quedava-se silenciosa e esquiva. Repetimos a súplica:

— Tende a bondade de assinar... Um trabalho anônimo, de além--túmulo, não tem valor... e não poderá ser publicado...

Então o visitante "falou" docemente, e confessamos que, decerto, um embotamento singular nos obscurecia as intuições, até o momento presente, em que escrevemos estas páginas, impedindo-nos reconhecer o Espírito que então nos visitava, pois que, realmente, apenas neste momento somos informados, quando o é também o leitor, de que o autor espiritual da novela "Deodato", escrita em 1934, fora o amigo Beletrista. Respondeu-nos ele, porém, naquela época, sem que o identificássemos:

— Assina vós mesmos... Presenteio-vos com ela... Eu não desejo aparecer...

Ora, chegando a esta altura do presente capítulo, que nos está surpreendendo mais do que ao próprio leitor, eis que o venerável Espírito Dr. Bezerra de Menezes, um dos patronos espirituais do Centro Espírita de Lavras, pela época em que lá militávamos, e onde, pela primeira vez, falamos ao amigo Beletrista, irradia até nós seus pensamentos, avisando--nos de que dirá algo a respeito. Atendemo-lo comovidos, oramos, esperamos... cedemos-lhe o lápis... Vejamos o que dirá o amado Espírito que, do Além, como outrora, sobre a Terra, tantas lágrimas soube enxugar nos corações sofredores:

— Há 27 anos, quando a vós foi exigido o testemunho do *Desinteresse*, que integra a série de provas programadas pela Iniciação constante dos métodos da Escola de regras orientais a que vosso espírito é subordinado, esse irmão, que cognominas de Beletrista, sofredor, mas amável, bem-intencionado, espiritualmente incompetente, e ansioso por algo sublime que o renovasse, norteando-lhe os passos na jornada espiritual, foi o indicado para a *tentação* que seria mister sofrêsseis, como Espírito delinquente perante o Evangelho, necessitado de testemunhos renovadores ante as leis eternas. Mercê de Deus, cumpristes o dever de aprendiz, desinteressando-te dos haveres e glórias do mundo, com a discrição conveniente ao Espírito iniciante na Verdade. Afinado com os vossos próprios sentimentos e ideais, Beletrista não só vos vem discretamente acompanhando durante esses 27 anos, sob nossa vigilância, como muito aprendeu convosco mesmo, referência feita aos estudos e práticas da Doutrina, que nunca negligenciastes, pois que ele aceitou o vosso antigo convite, para acompanhar-vos nesses misteres. Como médico que foi na Terra, muito se dedicou agora, como Espírito desencarnado, aos enfermos e aflitos que às vossas possibilidades mediúnicas solicitavam receitas e indicações para tratamento da saúde, o que quer dizer que os tratou e curou por vosso intermédio, sem que vos apercebêsseis de que era ele que o fazia! Ele fez mais, porém: como intelectual que também é, amante e cultor das Belas-Letras, muitas crônicas, artigos e até "conferências" que escrevíeis e líeis, outrora, em reuniões de estudos espíritas, escreveu-as ele com o vosso lápis e a vossa mão, servindo-se das vossas faculdades de intuição. Eu, porém, ou alguém por mim, fiscalizava e presidia tais atividades... pois Beletrista é meu pupilo espiritual, a quem muito quero, e que preparo e reeduco para nova existência carnal. Propositadamente, obstávamos intuições e esclarecimentos concernentes ao caso... É bom que o médium ignore muitos acontecimentos em que toma parte, como agente transmissor da Espiritualidade, a fim de que a vanglória e a pretensão, sempre fáceis de se infiltrarem no caráter humano, não lhe anulem as possibilidades prematuramente, antes de ele próprio se servir dos ensejos que recebe, e que lhe são de justiça, para as tentativas de progresso. Não ignoráveis tratar-se de ditados mediúnicos intuitivos os trabalhos literários que obtínheis sem assinatura, mas os que vos cercavam, amigos, familiares, companheiros de ideal, julgavam tratar-se de produções da vossa própria mente... Seria ainda, de algum modo, um testemunho grave, no qual seriam provados os vossos pendores para a simplicidade ou a vaidade... como também seria um aprendizado indispensável ao pobre sofredor, que iniciava a própria reeducação à luz do Consolador e precisava progredir... Graças à bondade do Mestre, que nos socorreu, vencemos todos! Beletrista terminou o curso e reencarnará, quando desejar, para novos testemunhos, que implicarão sua renovação para o domínio do Espírito. Se quando outrora, ele a vós se dirigiu pela primeira vez, tentando convencer-vos a anuir aos seus intentos, oferecendo-vos "fortuna" e "glória", vós o tivésseis atendido, resultaria de tal conluio uma obsessão para vós mesmos, a qual possivelmente redundaria em suicídio, pois que teríeis exposto as vossas faculdades, positivas como são, às forças inferiores do Invisível, visando a interesses mundanos, pois, então, seríeis abandonados ao vosso livre-arbítrio; e, para ele, agravo de responsabilidades e situações futuras precaríssimas, pois que Beletrista, pela época, ainda não se encontrava em condições de desempenhar um ministério espiritual de tal gravidade... Vejo, porém, a interrogação em vosso cérebro: E o suicídio por ele praticado?...

"Não houve, exatamente, um suicídio, na expressão costumeira do termo, visto que, pela época do seu decesso físico, ele se encontrava totalmente presa de graves distúrbios nervosos, além de obsidiado pela entidade suicida Maria Elisa, a qual, reconhecendo-se viva em além-túmulo, negava-se a abandoná-lo, afeita ao elo sentimental que os unira... Ele, portanto, não teve intenção de matar-se, não premeditou o suicídio, nem mesmo assistiu com os próprios sentidos ao ato que praticou. E, assim sendo, não houve o drama consciencial, ou seja, a responsabilidade de consciente infração a uma Lei da Natureza, no sentido lato do termo. Caberá, portanto, ao obsessor a maior dose de responsabilidade no lamentável fato. Todavia, a consciência acusa-o de infrações outras, das quais resultaram a neurastenia e o desequilíbrio da própria personalidade, que deram causa à obsessão e ao suicídio, como ao respectivo estado de penúria moral no mundo invisível. E quando uma rede de tais complexos agrilhoa a consciência de um Espírito desencarnado, só existirá para ele um recurso: a correção dos distúrbios íntimos, dentro de uma reencarnação reparadora! Este noticiário, que a vós surpreende, será, portanto, como a sua despedida, pois voltará muito breve a uma nova morada carnal. Agradece-vos ele o que, como médium, em seu benefício fizestes sem o saberdes, dentro dos ensinamentos do Consolador... 27 anos de estudo, de meditações e trabalhos, de lágrimas e experiências, nas paisagens da pátria espiritual, em conjugação com a Terra, reabilitaram-no plenamente, para que dele esperemos vitória decisiva no futuro aprendizado terrestre. E eis aí, meus amigos, as grandes tarefas que a todos nós, encarnados e desencarnados, o Consolador confia: reeducar as almas frágeis da Terra e do Invisível, enxugar as lágrimas da aflição, acender nos corações, entristecidos pelas amarguras desesperadoras, a divina lâmpada da Esperança, nortear os passos do caminheiro da vida ainda vacilante, elevar a criatura, finalmente, para a glória da harmonização consigo mesma e com as leis do seu Criador, para o triunfo na vida imortal!"

* * *

Aqui, ao nosso lado, agora, desenha-se a figura perispiritual do antigo e bom amigo Beletrista. Que diferença daquela com que se nos apresentou há quase trinta anos! Vaporosa, fluidicamente bela, rejuvenescida, quase translúcida, agora encanta e enternece, porque recorda um poema de dores e de lágrimas, de trabalho e de progresso, de boa vontade e dedicação, drama acerbo que a doutrina do Senhor remediou e consolou! Seu sorriso, no entanto, é ainda triste e seu semblante é grave. Apoia o punho fechado sobre a mesa em que estas linhas são traçadas – exatamente como, há 27 anos, na mesa do "Posto Mediúnico", na qual terminávamos o receituário, dele ouvíamos a "tentação" para escrever sob seu controle mental, assinando nós mesmos as produções que nos desse, a fim de adquirirmos "fortuna" e "glória". Fita o papel, sorrindo, lendo o que escrevemos... Tal o velho hábito de participar dos nossos estudos e labores espiritistas... E dizemos-lhe, confiante, antigos amigos que somos:

— Dá-me o teu nome agora, para que o transmita ao leitor...

Aproxima-se... Puxa-nos docemente a orelha... E responde, com aquele sorriso grave, que comove:

— Curiosa!... Como tu és mulher!... Anseio por uma reencarnação que me leve a esquecer desse nome... e até a minha própria personalidade atual... Como queres que eu os relembre ao mundo?...

Fez um gesto para retirar-se, traindo certo amargor com a recordação. No entanto, a nossa descaridosa impertinência o detém, e indagamos ainda:

— E... Maria Elisa?...

Bate com o punho fechado, brandamente, sobre a mesa, suspira, comprime os lábios num ricto denunciador de contrariedade. Parece que esses gestos lhe eram habituais durante a vida carnal... E responde:

— Bem... A misericórdia do Eterno foi grande bastante para se estender sobre as suas imensas desgraças... e a bondade paternal do venerando Dr. Bezerra de Menezes foi a intermediária de que Deus se serviu, a fim de socorrê-la...

E lá se vai Beletrista, caminhando, a passos lentos, por uma estrada suavemente inclinada, sempre a mesma, mas agora como que esbatida por cintilações de opala...

Vemo-la ainda, muito ao longe... quando nada mais há a fazer senão preces amigas pela sua vitória final...

SUTILEZAS DA MEDIUNIDADE

Para conhecer as coisas do mundo visível e descobrir os segredos da Natureza material, outorgou Deus ao homem a vista corpórea, os sentidos e instrumentos especiais. Com o telescópio, ele mergulha o olhar nas profundezas do espaço, e, com o microscópio, descobriu o mundo dos infinitamente pequenos. Para penetrar no mundo invisível, deu-lhe a mediunidade.

(Allan Kardec. *O evangelho segundo o espiritismo.*
cap. XXVIII, item 9.)

Acreditamos sinceramente que a mediunidade, nas suas profundidades e verdadeiras potencialidades, ainda é desconhecida dos estudiosos espíritas. O próprio médium não a compreenderá, não obstante sofrer suas influências e ser acionado ao seu influxo, até mesmo no desdobramento da vida prática. Basta ser, a mediunidade, o resultado de um jogo transcendente de sensações e percepções, uma indução de forças intelectivas sobre outras forças intelectivas e também perceptivas, para compreendermos que se trata de uma faculdade profunda, complexa, vertiginosa, em suas possibilidades singulares. Se todas as faculdades, ou atributos da alma – a que Léon Denis denomina "potências" –, conhecidas dos homens, estão como que interligadas entre si, dependendo umas das outras na contextura que realiza a individualidade integral, completando-se, harmonizando-se, a mediunidade, como participante desse conjunto de potências, igualmente estará tão integrada na estrutura psíquica das criaturas quanto as demais, fazendo parte, como vemos, do potencial anímico global que traduz a individualidade imortal, razão pela qual ficou dito que – todas as criaturas possuem mediunidade.

Tais potências, ou forças, são, segundo sabemos até o momento (possuímos, além dessas, outras preciosas faculdades, que não se revelarão no estado de encarnação ou no de evolução espiritual medíocre), e conforme denominação da Psicologia moderna, as "funções conscienciais", que poderemos agrupar em quatro categorias básicas, a saber: funções intelectivas, funções sensoriais, funções afetivo-emocionais e funções perceptivas, das quais se salientam, então, a memória, a razão, o discernimento, a atenção, o pensamento, a vontade, o sentimento, a imaginação etc., etc. E se as possibilidades desse agrupamento de forças imortais se desdobram ao infinito, também a mediunidade, como participante dessas funções (sensoriais e perceptivas, ao que a observação indica), possuirá possibilidades de ação e sutilezas ainda desconhecidas dos estudiosos atuais. Muitos médiuns sabem disso, embora sem compreenderem bem o que com eles se passa. Muitas vezes, receoso de não ser acreditado pelos amigos mais íntimos, e temendo ver-se considerado ridículo ou pretensioso, guarda o médium o segredo das mais belas revelações que lhe são facultadas por vontade exclusiva dos mentores espirituais, ou por ação mecânica da própria faculdade, que naturalmente desencadeia os acontecimentos, mesmo à revelia do médium. Geralmente, perseguido, criticado sem piedade até dentro do próprio lar, e também pelos adeptos da própria Doutrina, enche-se ele de complexos e timidez, que tendem a perturbar, quando não impossibilitam, muitos fenômenos que poderiam realizar-se para edificação geral. O Espiritismo – a Terceira Revelação de Deus aos homens – é obra da mediunidade; será bom que de tal não se esqueçam aqueles que preferem ver charlatães e intrujões nessas pobres almas que, para conseguirem do Além o que vem dar corpo à Doutrina Espírita, têm de morrer para si mesmas, sacrificando-se durante a vida inteira e chorando lágrimas de testemunhos acerbos, visto que nenhuma criatura, qualquer que seja, se afinará plenamente com a Espiritualidade, para o feito mediúnico, por entre risos e alegrias e modo de viver displicente e cômodo.

Tal como os demais médiuns, tivemos de encobrir do público, e até de amigos íntimos, formosas revelações e até profecias, como noticiários de além-túmulo que, posteriormente, foram confirmados. Pode-se, mesmo, afirmar que o que de mais grandioso e belo o médium obtém e conhece, da vida espiritual, lhe é vedado declarar aos companheiros de jornada terrena. Não obstante, se somos daqueles que se veem forçados a ocultar muito do que recebem e conhecem do Além, também somos impelidos, pelos instrutores espirituais, a dizer algo de vez em quando, pois que nem tudo poderá ser encoberto sem prejuízo da Revelação, e, muitas vezes, o que um médium revela favorece ensejos para estudos profundos, descobertas e elucidações transcendentais importantíssimas, que tendem a testemunhar a veracidade do Espiritismo.

Há cinco séculos, quando o Bispo de Beauvais, durante um interrogatório, indagou de Joana d'Arc se São Miguel lhe aparecia desnudo, ao que ela, prontamente, respondeu também interrogando: Pensas que Deus não tem com que vesti-lo? –, condenaram-na à morte na fogueira, como feiticeira e herética, por não darem, em absoluto, apreço às sublimes manifestações mediúnicas por ela apresentadas. Hoje, porém, pelo menos os espíritas sabem compreender e considerar os fatos do Invisível acerca da grande médium, assim como não ignoram que não apenas as vestes dos Espíritos Guias de Joana, mas de todos os Espíritos desencarnados, que desejem apresentar-se ornamentados, são tecidas com o poder do pensamento e da vontade, agindo sobre o fluido universal; e que essas roupagens, por vezes belíssimas, com que os médiuns costumam vê-los, são divisadas quer em vigília, quer durante os transes a que estes forem submetidos. Entendemos que a resposta de Joana ao Bispo de Beauvais assume grande valia nos dias atuais, quando a Ciência transcendental já nos levou a compreender *o que Deus possui para vestir os habitantes do mundo espiritual*, ou seja, os elementos fluídicos, "material" sobre que agem o pensamento e a vontade dos desencarnados. Assim sendo, não desprezaremos anotar pequenos detalhes da mediunidade que, mais tarde – quem sabe? –, como acontece no presente à resposta de Joana ao seu algoz (resposta que só após cinco séculos foi devidamente compreendida), poderão ser também de utilidade para esclarecimento do leitor, e servir, outrossim, de ponto de partida para estudos e meditações a respeito de tão magnífico assunto.

1

No ano de 1915, no correr de memorável sessão a que assistiram nossos pais, em seu próprio domicílio, na cidade de São João Del-Rei, em Minas Gerais, e na qual servia o médium Silvestre Lobato, já falecido – o melhor médium de incorporação por nós conhecido até hoje –, o Espírito Dr. Bezerra de Menezes anunciou o advento do Rádio e da Televisão, asseverando que este último invento (ou descoberta) facultaria ao homem, mais tarde, captar panoramas e detalhes da própria vida no mundo invisível, antecipando, assim, que a Ciência, mais do que a própria Religião, levaria os espíritos muito positivos a admitir o mundo dos Espíritos, encaminhando-os para Deus. A revelação foi rejeitada pelos componentes da mesa. O médium viu-se acoimado de invigilante, convidado a orar e vigiar, e o Espírito comunicante "doutrinado" como mistificador e perturbador da ordem e do bom senso. No entanto, parte da profecia já foi cumprida. E não será difícil que a segunda parte o seja também, quando o homem se tornar merecedor da graça de entrever o além-túmulo por intermédio do seu aparelho televisor...

2

Os médiuns espíritas que se entregam à oratória, sempre veemente e profundamente inspirada, não recebem, precisamente, as intuições no momento em que discursam, ao mais das vezes, como nem sempre o seu instrutor espiritual estará presente ao seu lado na tribuna. O que frequentemente acontece é que, já possuidor do necessário cabedal, embora não seja, verdadeiramente, um orador, na véspera desse trabalho, ou poucas horas antes, o médium será arrebatado em espírito por seu guia espiritual, durante o sono, para o Espaço. Fornece-lhe as instruções para o discurso; fá-lo discursar em sua presença, imprimindo na mente do seu pupilo o característico da sua própria oratória; exerce sobre ele, enfim, seu intérprete, a sugestão hipnótica, ou "hipnose". Ao despertar do sono, o médium estará tranquilo, sentindo algo indefinível dentro de si, sem, todavia, recordar o que se passou durante o seu repouso. No entanto, no momento da oratória, esta será "repetida" exatamente como foi delineada e autorizada no Espaço, com eficiência e agrado geral, sem que o médium vacile por um instante na eloquência assim adquirida. É por isso que o estilo deste ou daquele Espírito, se conhecido dos assistentes, chegará a ser reconhecido, para edificação de todos... Daí a necessidade, que todo médium orador sente, de se recolher e isolar horas antes, ocasião em que, geralmente, se deixa vencer por um sono ameno e reconfortador...

As melhores palestras que nos foi dado realizar, sobre assuntos espíritas, concederam-nas os nossos amigos espirituais, por essa forma, muito embora no momento do testemunho, ou "reprodução" da peça oratória, costumem eles exercer uma certa vigilância em torno do médium. Será bom, por isso mesmo, para maior grandeza desse feito mediúnico, que os ambientes dos Centros Espíritas não sejam alterados por quaisquer acidentes profanos.

3

Existem obsessões produzidas pela *hipnose*, durante o sono natural. O médium, ignorante das próprias faculdades, e que, no caso, em geral não será espírita, deixa-se dominar por um inimigo invisível, durante o sono. Afina-se com o caráter deste e recebe suas ordens ou sugestões, tal como o sonâmbulo às ordens do seu magnetizador. Ao despertar, reproduz, mais tarde, em ações da sua vida prática, as ordenações então recebidas, as quais poderão levá-lo até mesmo ao crime e ao suicídio. Será prudente que a oração e a vigilância sejam observadas com assiduidade, particularmente antes do sono corpóreo, a fim de proteger o médium contra esse terrível perigo, pois que isso favorecerá uma como harmonização de sua mente com as forças do Bem, o que evitará o desastre. O mundo invisível é intenso, e nem tudo ali será beleza, espiritualidade, fraternidade, flores... Também a inveja, o ódio, o despeito, o ciúme, o crime e até o sensualismo existirão no Invisível, rodeando nossas almas e tentando-as, durante a emancipação concedida pelo sono natural. Os atributos da alma, por sua vez, são profundos, complexos e poderosos, e, quando mal orientados, poderão ocasionar calamidades ao nosso derredor. O estudo da personalidade humana como o da individualidade espiritual, a reeducação moral por meio dos ensinamentos evangélicos, esclarecendo a criatura quanto a si mesma, abrem-lhe um horizonte novo, onde o equilíbrio geral acarretará o domínio de toda e qualquer situação a que sejamos arremessados por força do progresso a realizar.

4

Em determinadas ocasiões, sem que conheçamos as razões, transes singulares sobrevêm com nossas faculdades mediúnicas, ignorando nós se o mesmo acontecerá aos demais médiuns. Nós que, comumente, tantos esforços despendemos a fim de conseguir boa harmonização com os amigos invisíveis, para o feito psicográfico, subitamente, por vezes em plena rua, durante um passeio ou um giro necessário, somos surpreendidos por um estado singular: nosso espírito como que se distende, elevando-se algo da matéria, para viver simultaneamente da vida material e da vida espiritual. Advém, então, um estado crítico, algo penoso, mas ao mesmo tempo delicioso, reconfortador. Então, o que nos rodeia, pertencente ao plano terreno – o casario, as paisagens, o arvoredo, os jardins, as próprias vias públicas –, se nos afigura profundamente mais belo e delicado, porque envolvido em tons de luz especial, levemente azul.

Julgamos tratar-se, essa luz, de modificações do próprio fluido universal que sabemos disseminado pelo Infinito. Não obstante, reflexos dourados como que contornam as paisagens, julgando nós, ainda, tratar-se de irradiações do sol, que, combinadas com o fluido azul, produzem um majestoso efeito de luz, acontecimento de que o Espaço infinito está repleto, pois os efeitos de luzes combinadas, a coloração de mil essências e fluidos, em variados estados, existentes no Espaço, são maravilhas que os homens não concebem, mas que o Espírito, principalmente o desencarnado, em estado normal vibratório elevado, desfruta a longos haustos. O verde das nossas folhagens, a policromia das nossas flores são, assim, mais brilhantes e mais formosos, e dir-se-ia que tudo o que nos cerca se mostra sob uma "quarta-dimensão", pois que tudo quanto nossa visão possa abranger, durante esse transe, como que se *destaca* da própria atmosfera, tornando-se magnífico alto relevo. Não encontramos vocábulos apropriados para poder bem descrever o que então se passa, mas o que é bem certo é que, contemplada pelos olhos espirituais, ou pela visão mediúnica levada a esse gênero de transe, a Terra é profundamente mais bela e aprazível do que se apresenta à visão física-material comum. O mesmo fenômeno observamos quando nossos guias, ao prepararem o volume *Memórias de um suicida*, nos levaram à cidade do Porto, em Portugal, em corpo astral, fazendo-nos contemplar o Cais da Ribeira, com sua movimentação típica, e o rio Douro, com a magnífica ponte D. Luís, cuja existência ignorávamos. No Porto, no entanto, os coloridos eram mais vivos do que os entrevistos no Rio de Janeiro.

Em ocasiões tais, alterações significativas se dão em nossa personalidade. As criaturas humanas nos aparecem como meras sombras. Seremos capazes, porém, de reconhecer amigos e conhecidos. Todavia, tememos encontrá-los, acometidos do singular terror de que nos cumprimentem e nos falem, pois não poderíamos corresponder-lhes. Temos a impressão de que, se nos falassem, terrível choque adviria, causando-nos grande mal. Vemos, no entanto, nitidamente, os Espíritos desencarnados e lhes falamos longamente. Quantas vezes, sob esse estado, temos perlustrado as ruas do Rio de Janeiro, ouvindo o que nos dizem Charles, Chopin, nossa mãe e outros amigos espirituais, cujos nomes ignoramos em vigília, mas que sabemos gravados ternamente em nosso coração espiritual! Essas conversações, no entanto, jamais são recordadas ao findar do transe. Esquecemo-las completamente, para nos lembrarmos apenas de que fruímos feliz convívio com os bons amigos do Além, cuja solicitude nos reanima para novas etapas terrenas. Todavia, tais estados nos causam profundo abatimento físico e uma como sonolência deprimente, enquanto nossas feições endurecem e nossos dentes se cerram como se nos ameaçasse o fenômeno cataléptico.

Mas... estarão eles, realmente, os bons amigos, caminhando conosco pelas ruas, uma vez que o fenômeno se verifique durante algum giro que fazemos?

Será mais provável que não! Estarão além, com os pensamentos e as irradiações voltados para nós, enquanto que a sutileza da nossa própria faculdade, igualmente distendida à sua procura, se prestará ao extraordinário feito. E nem se suponha que haverá perigo para nossa vida, ao atravessarmos a via pública, por mais movimentada que seja, porque, em tais circunstâncias, sentimos maior segurança ao nosso redor e dispomos de maiores recursos, para nossa própria vigilância, do que no estado normal.

Como classificar esse fenômeno, ou transe?... Não sabemos. Apenas registramos o fato, afirmando a grande felicidade que fruímos nos momentos em que ocorrem... Não obstante tratar-se de um estado algo penoso, pois são as duas vidas que se entrecruzam, num panorama duplo...

5

Nosso amigo espiritual Charles assevera que as sutilezas da nossa faculdade mediúnica prestam-se sobremaneira ao domínio obsessor. Estaríamos, portanto, irremediavelmente perdidos para as tarefas deste mundo, se, carregando tais particularidades mediúnicas, não tivéssemos nascido em ambiente espírita para, desde muito cedo, cultivarmos a faculdade à luz do Evangelho do Cristo e sob as diretrizes sadias do

Espiritismo codificado por Allan Kardec. E afirma ele, também, que os manicômios terrenos estão repletos de pobres criaturas consideradas enfermas irremediáveis, quando apenas são portadoras de faculdades mediúnicas, e isso porque a Medicina oficial e as religiões não se dignam explorar a ciência da alma humana e suas potências, pois tais enfermos seriam facilmente curados, quer por uma ou pelas outras, se elas se dessem ao sublime empreendimento de investigar os arcanos da Espiritualidade, como o faz o Espiritismo. Por isso mesmo, no que particularmente nos diz respeito, houve mister de os nossos guias nos prepararem com operações perispirituais melindrosas, a fim de resistirmos aos embates mediúnicos, visto que nossas tarefas obrigatórias implicariam o convívio espiritual com os níveis inferiores do mundo invisível, onde proliferam elementos perniciosos, capazes de infiltrar a obsessão por mil formas diferentes, e até involuntariamente, sem quaisquer desejos de nos prejudicar. Tal operação perispiritual, inteiramente psíquica, era usada outrora entre iniciados hindus e egípcios, antes de se confiarem à prática dos mistérios, ou seja, o intercâmbio com os chamados mortos... e foi levada a efeito tendo em vista que pertencemos, desde séculos, àquelas falanges orientais... Assevera Charles, ainda, que, por tudo isso, nós outros, os espíritas, deveremos empreender todos os esforços para difundir a Doutrina Espírita entre os homens, sob o critério sadio com que o Céu no-la tem revelado, visto que somente ela estará em condições de resolver os múltiplos problemas que desorientam a Humanidade.

6

Não faria juízo muito justo dos filhos de Deus aquele que supusesse ser um obsessor entidade generalizadamente malévola. Certamente que a gradação desses pobres delinquentes é quase infinita. Caberiam num volume o estudo e a classificação dos Espíritos obsessores com quem temos tratado desde o início das nossas tarefas mediúnicas. É possível que existam aqueles verdadeiramente réprobos, que há séculos permanecem nas sombras do Invisível, incapacitados até mesmo de se comunicarem mediunicamente, cuja truculência vibratória aniquilaria um médium, se dele se aproximassem. Não os vimos jamais, porém. Até o presente, o mais pernicioso obsessor que conhecemos, aquele que nos chegou a apavorar, do qual fugimos espavoridos, em corpo astral, foi certa entidade que perseguia uma doente (obsidiada), internada em uma Casa de Saúde espírita, de Belo Horizonte, em Minas Gerais. Apresentava-se trajada com hábito religioso, inteiramente negro, parecendo tratar-se de uma ex--freira, pois fora mulher, quando encarnada.

É singular uma particularidade entrevista em nosso longo tirocínio mediúnico: os obsessores, que, quando encarnados, foram mulheres, são profundamente mais endurecidos, odiosos e temíveis do que os que foram homens. Por quê? Ainda não logramos esclarecimentos. Será porque seja a mulher mais irremediavelmente atingida, quando ofendida, do que o é o homem? Existirá, na mente feminina, imaginação mais fecunda do que na mente masculina, e essa maior intensidade imaginativa a tornará mais feroz nas atrocidades das vinganças contra os desafetos?

Eis um campo para interessantes investigações psicológicas espíritas...

Entretanto, aquela entidade obsessora, se apresentando envolvida num hábito religioso, denunciando-se como antiga freira, escondia o próprio rosto, as mãos e os pés, a fim de não ser identificada, ardil de que geralmente se servem os obsessores mais maliciosos. Escondia-os, porém, sobrepondo-lhes hedionda máscara de caveira, com mãos e pés de esqueleto, procurando infundir terror ou impressões fortes. Suas vibrações eram de tal forma violentas que se tornavam realmente enlouquecedoras. Obsidiava a pobre mulher, cujo precário estado não permitira jamais esperanças de cura, perseguindo-a de cem formas diferentes, desde a juventude, e destroçando-lhe, mais tarde, até mesmo o lar, antes da possessão completa. Penalizada ante a provação da pobre irmã obsidiada, oramos em seu benefício, ao termos notícia do seu drama, sem, contudo, procurar visitá-la em seu hospital, visto sermos proibidos, pelos mentores espirituais, de visitações aos manicômios. Não obstante, ousamos fazê-lo em corpo astral, levados pela compaixão à pobre enferma, *mas desacompanhados dos guias e protetores*, visto existir proibição dos mesmos também para esse melindroso feito. Avistando-nos, porém, a obsessora enfureceu-se, investindo contra nós e perseguindo-nos em correria desabrida, obrigando-nos a uma fuga espetacular... e somente nos abandonou quando, já despertando da letargia do transe, elevamos o pensamento em prece, na súplica de socorro em nosso próprio benefício e em benefício dela mesma. Parece que tais Espíritos perdem de vista o médium, ao cessar o transe mediúnico, nos casos que obedeçam àquela modalidade.

No dia imediato, dissemos a um familiar da obsidiada:

— Dominada por semelhante obsessor, a pobre irmã não se curará, jamais!

Pois bem, falharam as nossas previsões! A entidade obsessora foi retirada logo depois, a contragosto! Não se converteu ao amor e ao perdão, é certo. Não se arrependeu do mal que vinha praticando, não se enterneceu ante os desbaratos infligidos à sua vítima do presente, certamente algoz do passado. Mas seu livre-arbítrio foi tolhido e ela se viu forçada a abandonar a presa, e esta foi recuperada para uma fase nova de evolução e progresso.

É que, sobrepondo-se às torpezas engendradas pela ignorância das criaturas que se debatem nas espinhosas vias dos aprendizados evolutivos, existe a benevolência suprema do Criador, capaz de operar tais milagres, em benefício daqueles que derivaram das suas próprias essências eternas.

Não obstante, outros obsessores existem capazes de atitudes amistosas para com outrem que não o inimigo do passado, do qual, comumente, se vingam. Contamos, no Espaço, com a amizade afetuosa de vários Espíritos obsessores que jamais nos molestaram, os quais, quando de uma série de amargos testemunhos a que fomos convocados, vinham em visita até nós, oferecendo-nos seus préstimos, para algo que precisássemos. Nada puderam fazer por nós, é certo, visto ser o caso irremediável e não se encontrarem em condições de interferir a nosso favor. Todavia, o que é verdadeiro é que demonstraram desejo de consolar e remediar nossas amarguras, e suas atitudes, consideradas muito fraternas por nós mesmos, tiveram o dom de reconfortar nossa alma e nos edificar o coração, dado o encanto da revelação então obtida, a beleza do ensinamento aí percebido: o Amor e o Bem cabem em toda parte, mesmo nos corações delinquentes, e quando passam, conduzidos seja por quem for, deixam sempre um traço harmonioso de legítimo benefício. Dá-se com muitas dessas entidades o que se verifica na sociedade terrena: um homem possui inimigos, odeia-os, prejudica-os quanto pode, assassina-os, se puder. Isso, porém, não impedirá que estime a outros homens, que seja leal amigo de outros tantos, honesto em seus empreendimentos sociais etc.

Sentimos grande compaixão e ternura por esses Espíritos. Geralmente, foram grandemente ofendidos, no passado reencarnatório, por suas vítimas atuais, ou mesmo na existência vigente. São, acima de tudo, grandes sofredores, tristes e frágeis, dominados por angústias e terrores indescritíveis. Protegê-los por meio das nossas preces enternecidas, elucidá-los com nossos conselhos diários, na conversação telepática, envolver seus infortúnios com a fraternidade sorvida nos Evangelhos, é também servir a Jesus e propagar sua Doutrina, porque é recuperar a ovelha transviada para o redil do Bem. Ao reencarnarem, essas almas, que também são emanações do Todo-Poderoso, procurarão o berço natal em ambientes espíritas, agradecidas pelo socorro que receberam dos adeptos da magna Ciência e esperançadas na própria redenção, que lhes acena dos códigos imortais do Espiritismo.

Que os médiuns espíritas-cristãos não se arreceiem deles. Nenhum mal lhes ocasionarão, se eles próprios, os médiuns, se harmonizarem com a luz. E que os amem e protejam, como quereríamos que todos nos amassem, se nos víssemos nas suas deploráveis condições.

7

[...] da mesma forma por que os físicos e astrônomos são levados a admitir que as vibrações luminosas percorrem o espaço infinito sem jamais se extinguirem, assim também se poderia admitir a persistência virtual de toda a forma de vibrações cósmicas.

E como, além de tudo, os estados da matéria e as vicissitudes dos organismos vivos se resumem numa sucessão de vibrações sui generis do éter, conclui-se que eles devem continuar a existir no estado virtual ou potencial, em uma ambiência qualquer – a chamada por Myers metaetérica – de onde os sensitivos poderiam extraí-los e interpretá-los, graças à "relação" estabelecida entre eles e a ambiência receptora.

(Ernesto Bozzano. *Os enigmas da Psicometria.* VI Caso.)

Nenhum espírita ignora que a Psicometria é a faculdade, que o médium possui, de descrever os acontecimentos a respeito de uma criatura, particularidades, mesmo, de sua vida, desde que em contato direto com um objeto ou coisa pertencente à referida pessoa. Essa faculdade, estranha e bela, ainda pouco estudada, vai ao extremo de permitir ao médium sentir e descrever as impressões de pequenos animais, de vegetais e até da matéria inanimada.

Ernesto Bozzano, já por nós citado várias vezes, refere-se, em sua encantadora obra *Os enigmas da Psicometria*, à médium inglesa Edith Hawthorne, que, em contato com uma pena arrancada a um pombo--correio, após longo voo e um pequeno galho de árvore, descreveu as impressões do pequeno animal durante o mesmo voo, assim como acontecimentos desenrolados no próprio local em que se erguia o pombal, ao passo que igualmente descrevia, não somente o que se passaria com a árvore, isto é, o seu desenvolvimento, a florescência, a distribuição da seiva e a expansão das raízes etc., mas também as impressões de vermes que viviam no subsolo, onde se erguia a árvore, prenunciando mesmo, com cinco horas de antecipação, o motivo da inquietação dos vermes, ou seja, o desabamento do subsolo onde se achavam, motivado pelas escavações de uma galeria de minério da região. Tudo rigorosamente estudado e comprovado pelos experimentadores, que residiam em Dudley, Inglaterra, onde a médium jamais fora, pois que residia em Londres.

Outra médium psicômetra, Elizabeth Denton, em contato com uma lasca de pedra recolhida de uma região de minério de chumbo (Wisconsin, EUA), descreve a história da mesma pedra desde que foi arrojada das profundezas de um vulcão, durante uma erupção, relatando, tal se fosse a mesma pedra, os sucessos com esta ocorridos através dos séculos. Note-se que as médiuns ignoravam, às vezes, os objetos que lhes apresentavam para serem psicometrados, pois houve, em certas experiências, o cuidado de ocultá-los, envolvendo-os em algodão ou retendo-os em embrulhos ou caixas muito bem atadas. Analisada por vários pesquisadores, essa mediunidade foi constatada real, não obstante os mistérios que envolvem suas possibilidades.

Ora, sendo a mediunidade, em geral, ao que se observa, uma sensação ou uma percepção, participante de determinadas funções da consciência; e sendo estas entendidas como potências da alma, que traduzem a sua individualidade, acreditamos que todas as criaturas sejam dotadas dessa faculdade, em grau maior ou menor, dependendo de um estado mais ou menos acentuado de desenvolvimento, ou experimentação. Todavia, parece-nos que, no estado de desencarnação ou de desprendimento espiritual, esse atributo da nossa individualidade anímica emerge espontaneamente, visto que, no que a nós próprios respeita, certos acontecimentos, desenrolados durante aquele segundo estado, parecem confirmar nossa impressão.

* * *

Durante o desprendimento parcial, sob ação dos nossos mentores espirituais, temos tido ocasião de "visitar" (não encontramos termos apropriados para esclarecer o que então se passa) animais como o boi, o cavalo, o cão e o gato. Verificamos que o fluido magnético, o elemento etéreo em que se acham eles mergulhados, como seres vivos que são, são os mesmos que penetram os homens, onde estes se agitam. Daí essa correspondência vibratória, que faz o ser espiritual do homem compreender o ser do animal, senti-lo, assim como aos demais reinos da Natureza... pois será bom não esquecer que somos essência de Deus e, como tal, possuiremos, todos, essa capacidade, para aplicação da qual apenas nos será necessário certo desenvolvimento vibratório, ou psíquico. Ora, aqueles animais, por nós *sentidos e compreendidos* no estado de semidesprendimento espiritual, se afiguraram ao nosso entendimento e à nossa razão quase como seres humanos, sentindo nós, por eles, viva ternura e até profunda compaixão. Um deles, o boi, chegou mesmo a ver o nosso fantasma, pois se assustou quando nos achegamos a ele e lhe acariciamos a enorme cabeça. Nossos mestres hindus, que têm predileção pelos estudos da Natureza e pelas pesquisas sobre a evolução da alma, levam-nos, às vezes, a visitar matadouros de gado. E o sofrimento que aí contemplamos envolvendo os pobres animais, as impressões dolorosas de surpresa, de terror e de angústia que eles sofrem, e que se infiltram pelos meandros da nossa própria alma, não seriam maiores nem mais penosas, talvez, se se tratasse de simples seres humanos. Quanto a outros animais, aos vegetais e à matéria inanimada, nada adiantaremos, uma vez que não temos lembrança de tê-los "visitado". Mas a impressão que guardamos das quatro espécies citadas foi profunda e enternecedora, como de semelhantes nossos. Desses exames, o menos agradável às nossas recordações foi o do gato, cujas vibrações traduziam, ao nosso entendimento psíquico, "sentimentos" bem mais inferiores do que os outros.

Parece que tais estudos, transcendentes e de pouca aceitação sobre a Terra, a par da Cosmologia e outros, empolgantes, profundos, como a Astronomia, a Arqueologia etc., fazem parte da iniciação superior a qual somos chamados, e que tanto serão permitidos ao Espírito desencarnado como ao encarnado, durante o sono, dependendo apenas da sua aplicação ao estudo e da vontade de progredir, daí advindo, então, as descobertas que, de vez em quando, surpreendem o nosso globo.

* * *

Cuidaremos, a seguir, da "Psicometria de ambiente", a qual, à revelia do sensitivo, lhe permite rever, em um ambiente qualquer, as ocorrências ali verificadas muito antes, às vezes mesmo há séculos.

Visitamos, certa vez, uma amiga de nossa família, cuja residência, muito antiga, de aparência senhorial, datava do Segundo Império. Tratava-se de uma chácara, já arruinada, localizada em adiantado subúrbio do Rio de Janeiro. Nossa visita, que se estendeu por seis dias consecutivos, necessariamente nos obrigou a pernoitar na dita residência outras tantas noites. Não nos foi possível, porém, conciliar o sono na primeira noite ali passada, enquanto que nas subsequentes apenas pela madrugada repousamos ligeiramente, o que nos debilitou, alterando a saúde. É que o que ali acontecera durante a escravatura, pelos meados do Segundo Império, nos foi revelado pela própria ambiência onde os fatos ocorreram, fotografando-se as imagens, provavelmente, nas ondas etéricas de que trata o Sr. Myers.

A chácara fora uma fazenda de escravos. Assistimos ali, então, a cenas típicas da escravatura: desapareceram as ruas atuais que estruturam o bairro, a paisagem que compõe o panorama do momento. Às nossas percepções espirituais (estávamos em vigília, o que víamos não era como em sonho nem durante os transportes, mas em nosso estado natural, embora estivéssemos já recolhidos), se delineara a fazenda antiga, as senzalas, os milharais, o canavial, a movimentação cotidiana, acompanhada do cântico dolente e magoado dos escravos, que iam e vinham, em suas lides obrigatórias, sobraçando pesados cestos ou carregando à cabeça sacos ou feixes de lenha e ferramentas, ou batendo enxadas etc. Toda a excitação de um dia de trabalho, numa pequena propriedade rural, objetivou-se aos nossos olhos espirituais, atônitos, que não chegavam a compreender o que se passava. No pequeno pátio lateral, para onde deitavam janelas e portas do aposento que ocupávamos, separado do terreiro fronteiro por um muro, típica obra de cantaria que denunciava o labor do braço escravo, vimos uma escrava trajada de saia preta e camisa de algodão cru, lenço branco à cabeça, mexendo, com enorme colher de pau, em um grande tacho de cobre, cujo conteúdo refervia sobre um fogão de pedras e tijolos, no próprio chão, parecendo tratar-se do "sabão de cinza", fabricado em casa, o que era comum pela época, e, até há bem pouco tempo, em certas cidades do estado de Minas Gerais. Outra escrava, no mesmo local, em plano aéreo pouco mais elevado, surrava, com uma palmatória, um "moleque", provavelmente seu filho, regulando 8 a 10 anos, o qual, de bruços sobre seus joelhos, esperneava, gritando sem parar. E vimos um velho escravo atado ao pelourinho pelos pulsos, para o suplício do chicote, o qual chorava e gemia angustiadamente, invocando o socorro divino:

— Meu Deus do Céu! Meu anjo da guarda! Tenham dó de mim! – enquanto se repetiam os estalidos do chicote, acionado pelo capataz.[35]

E surpreendemos ainda, cremos que perfeitamente materializada, e não retratada nas ondas etéricas, uma dama de aspecto senhorial: esbelta e bonita, com longos e amplos vestidos em tafetá azul forte, cabelos muito negros e luzidios, penteados com esmero, brincos de pingentes de ouro, tão compridos que lhe iam quase aos ombros, colar amarelo, reluzente, como de ouro, um laço de veludo negro ornando o topete dos cabelos. E até mesmo o ruge-ruge do tafetá e das saias engomadas ouvimos, quando de suas idas e vindas pela casa, passando por nós como se se tratasse de uma pessoa. Tais cenas e movimentação, no entanto, eram confusas, como incrustadas umas nas outras, sem sequência lógica ou enredo previsto.

---

[35] Nota da médium: Não fora a assistência de nossos guias espirituais e, ainda, a "operação psíquica" para imunização do médium, a que já nos referimos, e estas cenas, suportadas por nossa faculdade durante seis noites consecutivas, provavelmente teriam alterado nosso sistema de vibrações mentais, ocasionando um gênero de obsessão. Nada nos sucedeu, porém, a não ser o aprendizado que fizemos com a providencial visita à nossa amiga.

No dia imediato à primeira noite que ali passamos, participamos à nossa amiga, cujas ideias eram igualmente espíritas, a singularidade observada, tendo o cuidado, porém, de omitir os detalhes mais fortes, visto que poderíamos não ser devidamente compreendidos. Ouvindo-nos o relato do velho escravo ao pelourinho, respondeu excitada:

— Esta chácara foi uma fazenda de escravos, ao tempo do Império. Ainda existem, nos fundos do quintal, as ruínas de um pelourinho...

Com efeito, levando-nos a uma pequena elevação existente nos fundos do extenso terreno, contemplamos o pedestal, em cantaria pesada, ainda quase intacto, e os restos da coluna nos quais eram amarrados os pobres negros, para serem açoitados.

Diante dessas ruínas, nossa alma chorou enternecida, elevando uma prece fraterna em intenção do pobre velho, cujo drama entrevíramos na véspera, narrado pelas próprias vibrações locais... e também pelo seu algoz, que, certamente, por meio de uma reencarnação reparadora, andará pelas ruas do próprio Rio de Janeiro, a exercer o Bem em desagravo das odiosas atitudes do passado...

Hoje, quase vinte anos após essa visita, no mesmo local ergue-se belo edifício de apartamentos residenciais. Detalhe sugestivo e singular: nessa mesma residência, algum tempo depois, o Espírito Dr. Adolfo Bezerra de Menezes forneceu à nossa visão espiritual quadros expositivos do seu romance, mais tarde ditado por intermédio de nossa psicografia, *A tragédia de Santa Maria*, em cujas páginas existem cenas do tempo da escravatura no Brasil...

* * *

Ainda no Rio de Janeiro, residimos, certa feita, numa casa que fora construída por um velho casal de operários espanhóis. Numa dependência, aos fundos, habitavam filhos e netos do mesmo casal, de idêntica

Devassando o invisível

nacionalidade. Ali, porém, permanecemos apenas oito dias, dado que não nos foi possível conciliar o sono, de forma alguma, durante aquele espaço de tempo. Cenas dramáticas: duelos, lutas, assaltos a viajantes, assassínios, fugas precipitadas a cavalo; carruagens em disparada, casais em idílios muito suspeitos, se sucediam confusamente diante de nós, causando-nos penoso mal-estar. As personagens, no entanto, vestiam-se como no século XVII, e as cenas eram admiravelmente coloridas. Ambiente agressivo, que deprimia nossas faculdades, infundia-nos mortal angústia.

Que singular mistério existiria nisso tudo? E por que razão, numa casa de construção moderna, erguida no Brasil por indivíduos espanhóis, surgiam, nas vibrações locais (ou "ambiência metaetérica", do Sr. Myers, como cita Bozzano), cenas da Espanha do século XVII?

Uma única explicação nos ocorre, embora frágil, a fim de atenuar a perplexidade que o fenômeno acarreta:

Aqueles espanhóis ali residentes seriam as personagens turbulentas do século XVII. Os fragmentos dos dramas por nós entrevistos existiriam na sua subconsciência; externavam-se por suas vibrações pessoais, ou "aura", e nossas percepções, apropriadas para a "psicometria do ambiente", captaram fragmentos do que se havia passado, há três séculos, com eles próprios. Dado que seja assim, tratar-se-á do mesmo fenômeno – "psicometria de ambiente" –, ou de uma derivação deste?... No estado de desencarnação, esse fenômeno é comum: cada um de nós trará consigo, visíveis aos seus afins ou aos superiores, as peripécias do próprio passado... o que não parece muito animador...

* * *

Apresentados, certa vez, a um jovem cego, cujo rosto e mãos eram desagradavelmente maculados de manchas brancas, naturais, como queimaduras, lemos, de súbito, em sua "aura" (e como que vimos a vida pretérita em torno dele), o seu terrível passado de inquisidor espanhol, que perfurara os olhos dos condenados e os queimara com ferro em brasa.[36] Duas das manchas, que se espalhavam pelo rosto desse jovem, abrangiam os olhos, como sinal indelével do peso que oprimia a sua consciência de Espírito sinceramente arrependido, que se reabilitava através da Dor, sob o amparo do Consolador.

De outro modo, em quaisquer localidades antigas que visitemos, desenha-se o passado das mesmas às nossas percepções mediúnicas. Na cidade de São João Del-Rei, em Minas Gerais, era frequente vermos, mesmo à luz do sol, cenas antigas até pelas ruas: séquitos de antigas damas, que se dirigiam às missas, em "cadeirinhas" carregadas por escravos; procissões do "Santíssimo Sacramento", vibrando campainhas, destacando-se uma espécie de guarda-sol muito amplo, em cores vivas, sob cuja sombra marchava o sacerdote com o Viático, a fim de levar a extrema-unção a moribundos. Aquela cidade mineira conserva em sua "ambiência metaetérica" cenas tão perfeitas e lógicas, do tempo do Brasil-Colônia e dos dois Impérios, que seria possível a um médium dotado da faculdade psicométrica, bastante desenvolvida, descrever episódios que resultariam em sugestivas informações históricas. Detalhe significativo: existem cenas que, melhor do que outras, se fixam na dita ambiência. As melhores que temos observado datam de séculos...

E, numa localidade da Zona da Mata, ainda em Minas Gerais, passeando numa propriedade rural, por um vale extenso, marchetado de flores silvestres, de "lírios do brejo" muito alvos e perfumados, e onde se assentava a estrada real e serpenteava um minúsculo ribeiro, o qual se alongava pelo horizonte afora, tornou-se-nos visível, repentinamente, um rio caudaloso, no mesmo local por onde caminhávamos, do qual soprava a mesma aragem que no momento sentíamos, estendendo-se para além, em sinuosidades idênticas às do ribeirinho. Mais tarde, engenheiros que o mesmo local visitaram, a serviço do governo, após exames demorados

---

[36] Nota da médium: Idêntico fenômeno ocorreu com o médium Francisco Cândido Xavier, ao ser apresentado à mesma personagem, no dia imediato, sem que nós e ele, o médium, nos tivéssemos avistado e trocado ideias a respeito.

concluíram que, há uns quatro ou cinco séculos, aquele pequeno ribeiro seria caudaloso rio, cuja passagem por aquele vale o fertilizara tanto que ainda hoje toda a região é rica de humo, própria à produção de cereais, que parecem explodir do seio da terra, sob as bênçãos do próprio Céu...

Oh! que estranhos poderes existem latentes nos arcanos da nossa personalidade espiritual, para que os segredos que os séculos guardaram nos sejam assim revelados?...

Tinha razão o Prof. Bozzano, ao afirmar que *o mistério que envolve a psicometria é desorientador...*

Cumpre-nos, porém, a nós outros, espíritas, estudar nossas almas, originárias do Céu, procurando conhecê-las em todas as suas possibilidades, a fim de cultivarmos suas poderosas faculdades, que em nós traduzem a personalidade divina com que o Criador supremo nos dotou, ao nos criar à sua gloriosa imagem e semelhança...

As Virtudes do Consolador

5. [...] pois que a morte é a ressurreição, sendo a vida a prova buscada e durante a qual as virtudes que houverdes cultivado crescerão e se desenvolverão como o cedro.

6. Venho instruir e consolar os pobres deserdados. Venho dizer-lhes que elevem a sua resignação ao nível de suas provas, que chorem, porquanto a dor foi sagrada no Jardim das Oliveiras; mas que esperem, pois que também a eles os anjos consoladores lhes virão enxugar as lágrimas.

(Allan Kardec. *O evangelho segundo o espiritismo.*
cap. VI, itens 5 e 6.)

Não digo que isto é possível; digo: isto é real!

WILLIAM CROOKES

No seu encantador livro *Joana d'Arc, médium* (Primeira Parte, cap. IV), que integra uma série magnífica de exposições sobre o Espiritismo, Léon Denis, o inconfundível poeta da Terceira Revelação, diz que:

Numa conferência que fez, há anos, no Instituto Geral Politécnico, o Dr. Duclaux, diretor do Instituto Pasteur

[Paris], se exprimia nos seguintes termos: "Esse mundo [o espiritual], povoado de influências que experimentamos sem as conhecer, penetrado de um quid divinum *que adivinhamos sem lhe percebermos as minúcias, é mais interessante do que este em que até agora se confinou o nosso pensamento. Tratemos de abri-lo às nossas pesquisas: há nele, por fazerem-se, infindáveis descobertas que aproveitarão à Humanidade."*

Ora, ao relermos, recentemente, tal comentário, recordamo-nos de certo episódio a nós narrado por pessoas de absoluta integridade moral, episódio no qual, posteriormente, nossa faculdade mediúnica se viu espontaneamente envolvida, num encantador prolongamento de revelações. Relatemos, porém, os acontecimentos, em forma literária, de modo a não fatigar o leitor.

No mês de setembro de 1957, um simples acaso levou-nos a visitar respeitável família residente em Belo Horizonte, a encantadora capital do estado de Minas Gerais. Os chefes dessa família, Sr. Antônio Augusto dos Santos e esposa, D. Hormenzinda Santos, haviam perdido uma de suas filhas, menina de 14 anos, vivaz e afetuosa, inteligente aluna do "Sacré Cœur" daquela cidade. O decesso da gentil adolescente ocorrera no dia 14 de março de 1955, depois de quatro longos meses de uma enfermidade dolorosa que zombara de todos os recursos da ciência médica, torturando o coração dos pais, que viam definhar a mimosa filhinha sem que um só alívio lhe pudesse ser ministrado. Por isso mesmo, naquela manhã de setembro de 1957, o Sr. Antônio Augusto dos Santos e sua esposa ainda se confessavam intimamente abalados pelo drama que lhes mortificara o coração, sofrendo a saudade dos risos cativantes daquela que partira entre lágrimas e flores, e cujo vulto querido não mais era visto a subir e a descer as escadarias da casa ou colhendo as flores do caprichoso jardim que sua mãe, zelosamente, cultiva ainda hoje. Traíam ambos, pois, pesar e amargura, ao se referirem ao fato doloroso, o que sobremodo comovia os ouvintes.

Devassando o invisível

É bem certo que o médium, cujos labores, inerentes à faculdade, se estenderam já por um período longo, passa a adquirir percepções variadas e singulares, espécie de uma visão toda especial, percepções que, em determinadas circunstâncias, o levam a apreender não só algo do pensamento e das intenções alheias como até mesmo as vibrações existentes nos locais visitados, permitindo-lhe captar também detalhes que se relacionem com as passadas existências das personalidades que neles vivem. Assim foi que, penetrando, pela primeira vez, o solar da família Santos, edificação graciosa, em estilo colonial português, sem conhecer qualquer dos seus membros e nada, absolutamente, que com estes se relacionasse, nossas percepções mediúnicas, em vez de uma residência em estilo colonial português, fizeram-nos entrever e sentir um estranho ambiente artístico, suntuoso e evocativo, mas no estilo da velha Índia e não de Portugal, o qual nos envolvia e penetrava como se o distinguíssemos por quadros sugestivos que outra vontade, independente da nossa, nos decalcava no íntimo do ser.

Sob tal injunção, cercavam-nos, não os aposentos confortáveis, modernos, que se veem no solar, mas velhas arcadas de estilo oriental, portas rendilhadas, como joias de filigranas, varandas com formosos balaústres, tetos esculpidos com altos relevos reluzentes, como pintados a ouro, salões dourados com reposteiros flexíveis, enfim, panorama íntimo tipicamente hindu, aristocrata, refinado. Uma como vertigem engolfou nosso espírito; nossas energias mediúnicas, nos primeiros momentos, se abalaram, premidas pela força vibratória do fenômeno, alheando-nos do que em derredor se passava e impossibilitando-nos de compartilhar a conversação durante os primeiros minutos. Refazendo-nos pouco a pouco, não sem estranhar, porém, a singular visão que nos fora dado distinguir por meio do sexto sentido, lembramo-nos de que o Sr. Santos era português nato, seus filhos brasileiros e sua esposa igualmente brasileira, descendente de portugueses, não existindo, portanto, quaisquer razões que justificassem o panorama hindu estampado nas vibrações ambientes... A não ser que se recorresse à ligação de Portugal com a Índia, nos dias do passado, donde a participação do Sr. Santos, ou de alguém de sua família, em anteriores existências, poderia influir na aura espiritual desse pressuposto atuante do passado, daí advindo, então, as percepções por nós sentidas.

Não obstante tais choques e estranhezas psíquicas, calamo-nos, receosos de cometer uma impertinência ou indiscrição se algo comunicássemos do que percebíamos, abstendo-nos, pois, de quaisquer revelações ou indagações, muito embora soubéssemos ser o chefe do solar visitado assaz simpático à causa espírita. De outro modo, tantas são as impressões, visões, panoramas, descobertas, mesmo, que o médium obtém em cada local, para onde as circunstâncias o requisitam, que, se os narrasse todos, tornar-se-ia enfadonho, desacreditado, ridículo, considerado fanático ou obsidiado.

De passagem, acrescentaremos que, além do ambiente espiritual hindu assim percebido, sentimo-nos igualmente envolvidos por uma singular influenciação artística, pois a residência em apreço, vibratoriamente, é como um cenáculo de Arte Clássica, dado que um dos filhos varões do casal Santos é jovem tenor de largo futuro, enamorado da boa música, já com duas excursões pelo estrangeiro (Alemanha e Estados Unidos); duas filhas, pintoras de grandes dotes artísticos e fácil inspiração, e mais dois filhos varões, engenheiros arquitetos, donos de subido valor profissional.

Um grande retrato da menina morta, no salão de visitas, ornamentado de cravos brancos, em jarras mimosas, sobre um aparador estilizado, e ali disposto pelas carinhosas mãos maternas, despertou nossa atenção. Sorridente e graciosa, trajando o clássico uniforme do seu colégio, a morta parecia ali palpitar cheia de vida e encantos. Alguém dentre as visitas do dia indagou da dona da casa:

— Como se chamava a sua filhinha, minha senhora?...

Os olhos da saudosa mãe, azuis como dois retalhos luminosos do céu, se ergueram para o perfil querido ali estampado, rebrilhantes de um discreto pranto, enquanto seus lábios responderam em voz pausada e terna:

Devassando o invisível

— Chamava-se Elizabeth... Mas nós a tratávamos de Betinha... Era a caçula dentre as meninas...

Com isso, vieram as confidências, os relatos amorosos dos pais saudosos sobre a curta vida terrena da mimosa flor que não chegara a desabrochar completamente, mil detalhes e pequenas particularidades que tecem o encantamento dos pais afetuosos, sempre interessantes para o observador que procura distinguir, nas nuanças diárias da vida, motivos preciosos para o estudo da harmonia plena com que as leis do Criador tudo dispõem... Até que foi narrada a etapa final da vida terrena de Betinha, que se findara mansamente, pela madrugada... E sua mãe continuou o relatório, não se detendo à menção do túmulo, mas prosseguindo noutra fase que era bem o símbolo augusto da Ressurreição, que a todas as criaturas humanas aguarda depois que o silêncio se debruça por sobre nossos pobres despojos corporais, retornados ao seio da grande mãe Natureza para as sublimes metamorfoses das espécies. Ouçamos, porém, na palavra de D. Hormenzinda Santos, a formosa descrição do fato ocorrido após o decesso de Betinha, o qual motivou estas páginas, fato que, sendo razão de conforto e consolações para os demais corações maternos que se vejam em idênticas circunstâncias, igualmente testemunha a verdade espírita, em condições alentadoras, edificando o coração do crente e encaminhando as atenções para a sublimidade da vida além do túmulo:

— Minha filha contava 14 anos incompletos – ia dizendo Dona Hormenzinda, a voz pausada e delicada –, quando os desígnios sábios da Providência lhe permitiram adoecer e morrer. Desde algum tempo antes de contrair a enfermidade que finalmente a vitimou, manifestara ela desejos de que os seus futuros 15 anos fossem devidamente comemorados, e todo o encantamento do seu coração se voltava para esse sonho ingênuo, que a empolgava de alegrias e prematuras emoções. Por isso mesmo, fizera-me prometer que a presentearia com um rico vestido de baile, para usar naquele dia, comprido e ornamentado de muitas rendas e flores, e cuja cor deveria ser rosa. Firmado o compromisso, sobre ele nos entendíamos frequentemente. Betinha era a filha caçula dentre as meninas que tivemos, conforme já disse, e era grato a todos nós, por isso mesmo, satisfazer-lhe as vontades que fossem razoáveis... Ela, porém, não atingiu a idade dos seus sonhos, visto que faleceu aos 14 anos incompletos.

"Três dias após o seu passamento, no entanto, encontrando-se toda a família abalada e chorosa, como seria natural, um fato singular, belo e comovente" – recordando os livros clássicos de Filosofia religiosa de todos os tempos e países, bem assim os compêndios de Ciências Psíquicas firmados por eminentes sábios psiquistas, que se dedicaram a devassar o além-túmulo, positivando a continuação da existência da criatura após a morte do corpo carnal – "veio demonstrar que nossa Betinha, por quem chorávamos tanto, prosseguia viva e feliz como dantes, porventura mais bela e venturosa ainda, concedendo-nos a satisfação de permanecer ao nosso lado em Espírito, sempre que possível e com a permissão de Deus.

"Minha filha Eunice, conquanto casada e residente fora da capital, permanecia conosco desde que o estado de saúde da irmãzinha se agravara, e três dias depois do trespasse da mesma ainda aqui permanecia, esperando que a consternação geral se atenuasse, a fim de regressar ao seu domicílio. Na noite em que se deu o acontecimento que passarei a relatar, dormia ela no quarto de sua irmã Zinda, e nenhuma anormalidade fora pressentida, conservando-se toda a família conformada com os desígnios divinos, não obstante pesarosa e sofredora. Eunice, fatigada das lutas de quatro meses de enfermagem junto da doente, pois frequentemente aqui estava, repousara tranquilamente durante grande parte da noite, serena e confiante, sem quaisquer excitações mentais. Pela madrugada, no entanto, despertou, reconhecendo-se perfeitamente na posse de si mesma, observando, porém, estranha claridade no aposento, posto às escuras. Sua irmã Zinda dormia pesadamente, como vencida por um torpor que mais se assemelhava a profunda letargia de um transe mediúnico do que a um sono natural. Subitamente, porém, a elevar-se do solo cerca de um metro, talvez mais, Eunice distingue um aglomerado de matérias sutis, como fumaça lucilante, traindo colorações levemente amareladas, luminosas e muito delicadas. Pouco a pouco, essa matéria, ou essência, que lembraria os cirros de inverno, tomava forma, imperceptivelmente... até que, no auge do assombro e do deslumbramento, o duplo, ou corpo espiritual de Betinha, cujas formas carnais jaziam sepultadas desde três dias, apresentava-se na plenitude da sua graça e beleza, *trajando lindo vestido de baile, cor-de-rosa*, cujo modelo lembraria o clássico figurino 'Imperatriz Eugênia'. A materialização era perfeita, acentuando particularidades: rendas, fitas, flores azuis sobre o lindo tom rosa guarneciam a insólita indumentária de além-túmulo...

"Admirada e feliz, Eunice tentava despertar a irmã, que continuava imersa em profundo sono no leito fronteiro, para que igualmente desfrutasse o encantamento da formosa aparição, recordando os pastores de Judá, que uns aos outros despertaram, alta noite, ao se surpreenderem com a manifestação celeste que lhes comunicava o advento de Jesus, na noite sublime de Belém. No entanto, Zinda está incapaz de despertar... apenas emite longos gemidos, longos suspiros... pois que é ela a médium de 'efeitos físicos', que ignora a própria faculdade, porque não professa a fé espírita... e que fornece elementos (ectoplasma) para a garantia da aparição. A manifestação, no entanto, não foi demorada. Eunice, que se atordoara em presença do fato invulgar, a que jamais assistira e que desconhecia, não teve a presença de espírito de rogar à irmãzinha materializada que se detivesse assim, ainda por alguns instantes, enquanto despertasse as demais pessoas da família, para que igualmente contemplassem Betinha, ressurgida do silêncio da morte para a todos provar a própria imortalidade. Ainda assim, sem termos tido tempo de também a ver, como Eunice a viu, conforta-nos saber que nossa filha vive feliz na pátria espiritual, para onde todos regressaremos um dia, atingindo a felicidade de uma perpétua união com os seres amados que nos precederam!"

Calara-se D. Hormenzinda, e nossa pena não entrará em comentários acerca do importante fato. Lembraremos apenas, uma vez mais, o poder da vontade, a força mental do Espírito recém-desencarnado da graciosa Betinha, a qual, desejando, antes de morrer, um vestido de baile cor-de-rosa, para ser usado na data do seu aniversário natalício, três dias depois do trespasse para a vida espiritual apresenta-se assim trajada, em espírito, para melhor se identificar e, também, com o fito de demonstrar a força da personalidade conservada para além do túmulo. E o fez imprimindo nas sutis delicadezas do próprio perispírito as formas da indumentária desejada, pois sabemos que o corpo espiritual é impressionável, amoldando-se a todo e qualquer impulso do nosso pensamento, o qual, por isso mesmo, nele poderá imprimir qualquer aparência visível, desde que uma vontade enérgica o acione. Aliás, não ignoramos que o Espírito poderá criar e modelar o próprio vestuário, se o desejar, valendo-se de essências, fluidos e matérias especiais do mundo invisível, os quais, para os efeitos da materialização, são conjugados com os fluidos do médium.

— Na manhã seguinte – acrescentara a narradora –, Eunice, que é hábil desenhista e inspirada pintora, traça a lápis o retrato da irmãzinha que a visitara em Espírito, reproduzindo o magnífico vestido de além--túmulo, sem omitir um único detalhe, pois a aparição, muito nítida e caprichosa, se decalcara poderosamente em sua retina mental, permitindo a reprodução integral do que fora presenciado...

E nós arremataremos: exatamente como agiu o pintor alemão Albrech Dürer, ao desejar passar para a tela as imagens dos quatro evangelistas, após vê-las materializadas no ar, da janela da sua água-furtada, e como os médiuns literários, que, obtendo do Espaço, durante transportes mediúnicos ou transes felizes, pela ação dos seus guias espirituais, a narrativa encenada de grandes dramas de vidas humanas, os transcrevem em romances e belas historietas instrutivas, sob a assistência dos mesmos guias, para edificação dos leitores.

Espera a jovem pintora transportar o pequeno desenho para um quadro a óleo, sobre o qual imprimirá as cores que lhe foram apresentadas durante a visão, quadro que ficará como testemunho valioso de mais um lindo e comovente fenômeno que o Consolador, prometido por Jesus, é pródigo em conceder aos homens.

* * *

Devassando o invisível

Passaram-se dois anos, durante os quais não tivemos contato com a família Santos. Em abril de 1959, no entanto, visitando novamente a formosa capital de Minas Gerais, voltamos a visitar também os pais de Betinha. Durante o desenrolar da palestra, informaram-nos de que, segundo um comunicado mediúnico obtido, a menina vivera uma existência carnal na Índia, em época não mencionada, onde se devotara a certa missão, cujo caráter não fora revelado. Confessamos que não demos grande atenção à informação. Tantos são os noticiários dessa ordem que nos chegam ao conhecimento, quer por via mediúnica, quer por relatos alheios, que, na maioria das vezes, desinteressamo-nos deles. Esquecêramos, aliás, num espaço de dois longos anos, durante os quais tantas peripécias se sucederam conosco, e em que ficamos sem notícias da família Santos, que nossas faculdades de percepção psíquica haviam registrado, em sua residência, um ambiente etérico em estilo clássico hindu.

Não obstante, à noite, depois dessa visita e após termos adormecido, fomos despertados por uma graciosa menina, em uniforme escolar, muito viva e prestimosa, a qual se apresentou voluntariamente, dizendo:

— Eu sou a Betinha... Venha... quero mostrar-lhe uma coisa... Estou informada de que a senhora é protegida de uma falange espiritual de iniciados da Índia... Eu também sou... E sei que apreciará o que tenho para mostrar-lhe...

Nos primeiros momentos, supusemos tratar-se de uma das meninas da casa onde nos hospedávamos, as quais usavam uniformes idênticos. Todavia, encontrando-se presente o nosso mentor espiritual Charles, que também é iniciado hindu, depressa compreendemos o que realmente se passava. Mergulhou-nos o nobre amigo em transe letárgico e perdemos a noção de nós mesmos durante um período de tempo que tanto poderia ser de minutos como de séculos, pois, quando nessa inconsciência, nesse lapso singular e intraduzível, o espírito do médium é absolutamente incapaz de medir o tempo. Nem mesmo tem noção de longevidade ou de brevidade.

Ao recobrar a consciência, já desprendida das prisões carnais, vimo-nos de mãos dadas com a gentil visitante espiritual, a qual, correndo, arrastava-nos travessamente na sua carreira, às risadas, muito contente... Levou-nos até a casa paterna, justamente a mesma onde se dera a sua libertação para as claridades do mundo espiritual. Entrando no domicílio já por nós conhecido, absolutamente não mais encontramos a residência moderna e confortável, visitada antes, mas um como solar hindu, majestoso qual visão das *Mil e uma noites*, com arcadas e portas douradas, rendilhadas, magníficas colunas, pedestais e capitéis muito artísticos, tudo atestando expressões de beleza invulgar em matéria de arquitetura. Todavia, não se tratava de uma residência particular ou propriamente edificação de além-túmulo, mas de "ideoplastia", configurando uma casa de benefícios para crianças e gestantes, espécie de *maquette* espiritual, construída por Betinha, em proporções normais, no intuito de forçar sugestões aos seus entes amados, para converterem-na em realidade na Terra. Dormitórios, refeitórios, gabinetes cirúrgicos, vagidos de crianças recém-nascidas, médicos e enfermeiras em azáfamas incansáveis, indicaram tratar-se de um hospital ou maternidade, segundo o que nos permitiam contemplar. Betinha, porém, agora em atitude grave, explicou:

— Isto que aqui está é o meu mais caro sonho na Espiritualidade... o meu programa do momento, porque a minha mais grata recordação do passado vivido sobre a Terra, faz muitos anos... Foi essa a missão que realizei na Índia (na época, difícil e angustiosa missão!), onde existi no seio da aristocracia, sem poder jamais esquecê-la! Na Índia, o sofrimento da mulher pobre e miserável, como da criança, era o que de mais intenso se poderia imaginar, mais doloroso e cruel do que em qualquer outra parte... Eu sofria, contemplando tantas desgraças ao redor de mim, enquanto gozos e venturas me cercavam. Então, intentando aplacar as ânsias do coração e os rebates da consciência, que me incitavam a uma ação benéfica a favor daqueles infelizes, transformei a minha própria residência, na época, em hospital e asilo para crianças enfermas, ao mesmo tempo em que socorria as gestantes, amparando-as quanto possível. Prendi-me à ideia, através do tempo... De tal sorte que, agora, não descansarei enquanto não conseguir daqueles que me amam, na Terra, uma casa como esta, a qual, fluidicamente, já existe nas vibrações ambientes do próprio domicílio que habitei em minha última etapa terrestre... Criei-a eu mesma, por meio de minhas energias mentais, a fim de transmitir sugestões a meus pais e irmãos, recordando a realização anterior, na minha amada Índia, auxiliada por queridos tutores da Espiritualidade, que, quase todos, foram ilustres figuras da antiga Índia...

— Foste, portanto, hindu também, minha querida menina, nessa passada existência a que te referes?... – indagamos comovidos, percebendo-a empolgada e séria.

— Oh, não! – respondeu vivamente. – Fui europeia, e não hindu de nascimento, mas de coração... Vivi na Índia como membro de uma família de missionários estrangeiros... Amei aquela pátria, na qual cresci e me criei... Adotei-a pelo coração, porque lá me consorciei, no seio da aristocracia, e lá me deixei ficar para sempre, voluntariamente, entre minhas pobres crianças e os labores e lutas daí consequentes...

— Conta-nos, então, a tua história na Índia, que deverá ser interessante e original, para que nós a transmitamos aos amantes das obras mediúnicas...

— Hoje não o poderia... Talvez mais tarde – quem sabe? –, se nossos mestres permitirem... No momento, apenas lhe peço que transmita aos meus a ideia que exponho, pois o meu maior anelo, por agora, é o de contemplar, um dia, meus pais e irmãos à frente desse labor a respeito da mulher gestante desamparada e do recém-nascido sem recursos, sobre a Terra... enquanto eu e mais alguém, do Espaço, dirigimos a obra espiritualmente...

***

Entrementes, a benévola atuação da menina Elizabeth Santos – ou do seu Espírito –, no seio da família a que pertencera, não se limitou aos dois pequenos episódios acima narrados. Dir-se-ia que ela se transformara, também, no anjo bom dos seus familiares e que sua missão entre os mesmos implicava a preocupação de atraí-los para as sublimes meditações espirituais.

Dissemos acima e repetimos que, excetuando-se o chefe da família Santos e sua consorte, nenhum outro membro da mesma se interessa pelos assuntos psíquicos, existindo até mesmo alguns com acentuada aversão à crença espírita. Não obstante, da época da primeira aparição da menina Elizabeth até o momento em que acrescentamos o presente parágrafo ao capítulo escrito há três anos, acontecimentos significativos se sucederam no seio daquela família. Resoluções arrojadas, tomadas por seus pais e irmãos, criaram uma organização beneficente de alto alcance, na formosa capital mineira, organização que, sob o nome de "Cruzada do Bem Elizabeth Santos", leva o auxílio fraterno, material e moral, aos leprosários e a necessitados albergados em outras instituições de assistência social. Todavia, consta ainda do programa da nobre Cruzada *o auxílio à criança sofredora e às jovens mães-solteiras*, assim como aos mendigos, alcoólatras etc., etc.

Não temos dúvidas de que o sonho máximo de Betinha, na Espiritualidade, se corporificará com vitórias sempre maiores no setor da Fraternidade, visto ser ela a diretora espiritual da instituição, a se desdobrar em esforços para inspirar, aos entes queridos deixados na Terra, o prolongamento da missão por ela mesma iniciada na Índia, no século XVIII.

Entretanto, novo fenômeno verificou-se, posteriormente, no solar Santos, em Belo Horizonte, tendo como principal atuante ainda a entidade Betinha, que parece, com efeito, insistir em atrair as atenções dos parentes para os fatos espíritas.

O detalhe que se segue, inserido nestas páginas quando já déramos por terminado o presente volume, foi-nos relatado pelo próprio Sr. Santos, em 10 de dezembro de 1962, quando de visita ao estado da Guanabara:

— Meu filho Maurício – começou o Sr. Santos –, formado em Medicina em 1960, já nos últimos meses do curso que fazia, uma noite, ainda cedo, pois seriam 23 horas, mais ou menos, estudava na sala de visitas, local onde se encontra o retrato de minha filha Elizabeth, tirado pouco antes do seu passamento. Ele estudava, porém, ao som de uma eletrola, pois é também apreciador da boa música. Não pensava, absolutamente, em sua irmã falecida em 1955, e, já fatigado do esforço despendido, decidiu recolher-se. Por isso, encaminhou-se para a eletrola, a fim de desligá-la, o que fez simples e naturalmente. De costas voltadas para o retrato, *sentiu que algo, ou alguém*, forçava sua cabeça, no intuito de fazê-lo voltar-se para trás. Voltou-se, com efeito, e, olhando o retrato da irmã, julgou perceber *névoas amareladas*, lucilantes, que se acentuavam, a ponto de *ter a impressão de que o retrato se movia*, enquanto ele próprio ouvia, com acento de certeza, a voz da irmã:

"— Maurício, gostas de música?... Pois dar-te-ei a ouvir uma música celeste... Canta comigo, Maurício, canta...

"Então, o jovem doutorando ouviu a irmã cantar linda e intraduzível melodia, como jamais ouvira, e, comovido, repetia-a, como levado por impulso mediúnico. Todavia, repetia-a em lágrimas, invadido por uma comoção que transcendia sua habitual força de vontade, impossível de conter ante a delicadeza daquelas vibrações. Sua irmã Zinda encontrava-se pelas imediações da sala. Ouviu o irmão cantar uma canção singular, ao mesmo tempo em que chorava, e desejou saber o que se passava..."

Aqui termina o relatório do Sr. Santos. Nós outros, porém, estudiosos dos fenômenos espíritas, temos o dever de algo meditar sobre a narração acima transcrita. E o faremos, com o constante objetivo de colher instruções em quaisquer acontecimentos relacionados com o além-túmulo.

É possível que o Espírito Betinha se materializasse ali, diante do irmão, ou, pelo menos, que o tentasse fazer. Como o fato, porém, não foi suficientemente constatado pelo vidente, que sentiu dúvidas em afirmar se realmente vira a imagem da morta ao lado do retrato, passaremos por alto sobre a materialização. Talvez a própria repulsa do jovem médico às coisas espíritas o impedisse de averiguar o fato, que seu preconceito científico antes consideraria "impressão" ou "alucinação". De qualquer forma, porém, o fenômeno realmente não se poderia realizar com visos de certeza, dado que a sala, profusamente iluminada, dificultaria a condensação dos elementos fluídicos necessários ao Espírito para mostrar-se com toda a clareza, já que ele necessita de penumbra para tornar visível a própria imagem astral.[37] O que é certo, no entanto, é que as névoas foram vistas e confirmadas (reunião do ectoplasma), o que indica início de materialização idêntica à contemplada por Eunice, no terceiro dia após o decesso de Betinha. E o que, além do mais, não deixou dúvidas, foi o fenômeno de *voz direta*, então produzido com eficiência, pois o jovem afirmou ter ouvido a voz da irmã, convidando-o a acompanhá-la na "música do céu", que passou a entoar...

Zinda estaria por perto, realmente, pois veio ver quem estaria na sala, cantando... Seria, portanto, poderosa médium, inconsciente das próprias faculdades, visto não ser espírita, dando motivo, à revelia da própria vontade, ao novo fenômeno, como já acontecera no primeiro, em 1955.

Ora, tais acontecimentos mais valiosos se mostram porque, conforme dissemos acima, vários membros da família Santos confessam aversão ao Espiritismo. Mas, para o nosso modo de apreciar as realidades da Doutrina Espírita, dentre os fenômenos provocados pelo Espírito da menina Elizabeth Santos, certamente o mais belo, o mais convincente e positivo, o mais agradável a Deus, porque reuniu toda a família na mesma harmonia de vistas e elevação de princípios, foi a criação da "Cruzada"

---

[37] N.E.: Os mestres das pesquisas espíritas, no setor de materializações das almas desencarnadas, como William Crookes, Robert Dale Owen, Alexander Aksakof e outros, conseguiram materializações à própria luz do gás, ou à claridade da lâmpada a querosene, o que indica não ser indispensável a escuridão completa. No Brasil, Carlos Mirabelli, médium de extraordinárias forças psíquicas, conseguia materializações à plena luz do dia, debaixo de rigorosa fiscalização. A escuridão completa será necessária apenas ao médium, que permanecerá resguardado da luz por uma cortina de tecido escuro, e isso quando suas forças psíquicas forem insuficientes. Vide *Fatos espíritas*, de William Crookes, *Região em litígio entre este mundo e o outro*, de Robert Dale Owen, e *Animismo e Espiritismo* de Alexander Aksakof.

que tem o seu nome, por ser a concretização da virtude por excelência, da própria essência do Consolador prometido por Jesus (a Revelação Espírita), inspirada por ela, de além-túmulo, para a prática da beneficência fraterna entre os que choram e sofrem nas provações terrenas... e também para o mérito inconcusso daqueles a quem amou sobre a Terra como pais e irmãos, os quais, exercitando as leis da Caridade, vão, a cada passo, se laureando em presença daquele que proclamou o Amor ao próximo como eterno tema de redenção...

Os grandes segredos do Além

459. Influem os Espíritos em nossos pensamentos e em nossos atos?

Muito mais do que imaginais. Influem a tal ponto, que, de ordinário, são eles que vos dirigem.

464. Como distinguirmos se um pensamento sugerido procede de um bom Espírito ou de um Espírito mau?

Estudai o caso. Os bons Espíritos só para o bem aconselham. Compete-vos discernir.

467. Pode o homem eximir-se da influência dos Espíritos que procuram arrastá-lo ao mal?

Pode, visto que tais Espíritos só se apegam aos que, pelos seus desejos, os chamam, ou aos que, pelos seus pensamentos, os atraem.

468. Renunciam às suas tentativas os Espíritos cuja influência a vontade do homem repele?

Que querias que fizessem? Quando nada conseguem, abandonam o campo. Entretanto, ficam à espreita de um momento propício, como o gato que tocaia o rato.

(Allan Kardec. *O livro dos espíritos*. Parte Segunda, cap. IX. Questões 459, 464, 467 e 468.)

Desejávamos terminar este volume com uma tese que ventilasse algum assunto alvitrado pelas preocupações de estudiosos e companheiros de ideal. Conversando com alguns amigos, vários pontos de Doutrina foram lembrados, interessantes e profundos. Aceitamos alguns e pretendíamos experimentá-los, mas o influxo vibratório, revelador da presença do assistente espiritual, fazia-se ausente, não movimentando nosso lápis nem a mão que o segurava, e ainda menos o cérebro que invocava os poderes da Luz.

Das teses aventadas, uma nos parecera a mais sedutora: procurar saber, de nossos mentores espirituais, a razão pela qual certos Espíritos desencarnados se supõem ainda vivos, "qual o mecanismo que os leva a se considerarem homens carnais" quando, em verdade, muitas vezes, há séculos que estão separados da condição humana. Este – acrescentou um amigo, lembrando a tese – julga-se atirado ao fundo de um poço há dois séculos! Aquele, há um século que fez a passagem para o Invisível, mas continua montando guarda aos próprios tesouros, desdobrando-se em transações para aumentar a fortuna, certo de que continua a ser homem! Acolá mais outro, a se julgar ainda súdito de El-Rei D. João III, de Portugal, ou seja, mantendo a mente retardada quatro séculos...

Por quê?... Qual o "mecanismo" de tal fenômeno?...

À hora costumeira dos trabalhos, fizemos a súplica, a fim de que o tema fosse explicado a contento; todavia, o lápis se mantinha impassível, sereno o braço e o pensamento completamente destituído de instruções e intuições.

Devassando o invisível

Não é nosso hábito insistir em súplicas desse gênero, quando notamos que o Além silencia. Insistir, pretender forçar o intercâmbio com o Invisível será indisciplina, que os códigos doutrinários não recomendam, é provocar a autossugestão, favorecendo o perigo do chamado "animismo", porta fatalmente franqueada à mistificação. Renunciamos, pois, à tentativa, e passamos a cuidar de outros afazeres.

Dez dias depois, o próprio Além, voluntariamente, forneceu-nos a tese desejada. Fê-lo, porém, de forma diferente daquela que esperávamos, não atendendo à súplica formulada nem agitando o nosso lápis, acionando nosso braço ou povoando nossos pensamentos. Forneceu-a ao vivo, levando-nos, em espírito, ao mundo invisível situado nas camadas terrenas, e autorizando nossas observações sobre impressionantes aspectos da existência extraterrena e seus reflexos nas ações cotidianas dos homens comuns, ou na massa popular. Isso quer dizer que visitamos antros sórdidos da vida invisível, onde a ignomínia generalizada prolifera, subtraída à vista das criaturas humanas pelo segredo da morte. E o resultado dessa estranha reportagem, que passamos para estas páginas, toma o lugar do tema que buscávamos.

***

Dissemos, em páginas anteriores, que a entidade Adolfo Bezerra de Menezes é quem mais frequentemente nos faculta visitas a locais em que a miséria moral-espiritual se acentua. Sua grande bondade de coração, que o leva a partir em busca dos infelizes e transviados do bem, a fim de socorrê-los; o desejo, nunca desmentido, que ele tem de ajudar o próximo, certamente deveres imperiosos assumidos com a Espiritualidade, constantemente o impelem aos locais em que a maldade e o vício, o atraso e a delinquência cavam rastros calamitosos, cujas consequências serão, talvez, séculos de lágrimas para aqueles que se abandonam às suas sugestões.

Não nos foi jamais possível concluir, categoricamente, se esses antros invisíveis, por nós visitados com nossos instrutores, são localizados na ambiência terrena ou no Espaço propriamente dito. Supomos, entretanto, que, embora invisíveis a olhos humanos, alguns deles, pelo menos, existem em qualquer local da própria sociedade terrena, onde quer que se aglomerem os desencarnados que os formam com os próprios atos e criações mentais, visto o seu aspecto grosseiro, repugnante e mesmo vil.

Tão logo retomamos a lucidez que nos é própria durante os transes mediúnicos que nos facultam tais visitas, vimo-nos ingressando numa taverna de mui sórdido aspecto, um bar imundo, tresandando a álcool e fumo, onde indivíduos desencarnados, de ínfima educação e escassa moral, vagabundos do plano astral (os quais, às vezes, podem ter sido personagens altamente colocadas na sociedade terrena, mas cujos vícios e paixões os afinaram com as baixas camadas da sociedade do mundo invisível), ébrios e desordeiros se aglomeravam para conversações do mais ignóbil teor.

Acompanhava-nos um guardião da Espiritualidade, visto que, se em vigília não será lícito a um médium penetrar ambientes dessa espécie, a não ser visando a serviços de legítima caridade, menos admissível será que ele o faça em espírito, durante o sono natural ou o transe, a não ser acompanhado pelos tutores espirituais, e igualmente para fins caritativos ou instrutivos.

Nesse guardião, todavia, não reconhecemos a silhueta veneranda de Bezerra de Menezes, mas a de um dos seus assistentes, cujo nome ignoramos, embora soubéssemos estar sob a direção e a vigilância daquele mestre, para a instrução a ser tentada. De uma força vibratória significativa, o dito assistente fazia-se entender, telepaticamente, como se conversasse em voz alta e com veemência, até mesmo com autoridade e ardor. E, médico, tal como seu mestre Bezerra de Menezes, ao vê-lo, sentimos de imediato que fora grande cirurgião quando habitante da Terra. Revelou-nos, nessa data, desempenhar tarefas psíquicas à cabeceira de pessoas operadas e de acidentados, em vários hospitais do Rio de Janeiro, com ação igualmente junto aos cirurgiões e enfermeiros militantes naquelas instituições.

É notável que, penetrando no antro acima referido, nenhum mal-estar nos atingisse. Sentíamo-nos envolvidos como que numa redoma de muito tênue neblina, invisível a olhos inferiores em vibrações. Parece que os Espíritos caritativos, que visitam tais locais, se imunizam previamente, a fim de resistir aos choques vibratórios de entidades maléficas que neles voluteiam, e imunizam também seus médiuns. Frequentemente, visitamos esses covis, em espírito, com nossos tutores espirituais, e nunca nos ressentimos de quaisquer depressões ou excitações nervosas no dia seguinte, o que deixa de acontecer quando aí vamos sós, pretensiosamente supondo estar à altura de executar tais serviços desacompanhados de vigilância maior.

As entidades desencarnadas entrevistas na dita taverna bebiam aguardente e cerveja, devoravam comestíveis avidamente, fumavam, jogavam cartas e dados, brigavam, discutiam, insultavam-se, esbofeteavam-se, mimoseavam-se com epítetos de baixo calão. Nosso guardião, invisível até para nós mesmos, embora continuássemos certos da sua presença, pela segurança que sentíamos e pelas intuições com que se fazia entender, às quais ouvíamos como se se tratasse da sua voz, explicou-nos:

— A estes e a seus congêneres deve a sociedade do Rio de Janeiro grande percentagem dos acidentes verificados diariamente nas vias públicas e pelos domicílios particulares: atropelamentos, quedas, braços e pernas partidos, queimaduras, suicídios, homicídios,[38] brigas, escândalos, confusões domésticas, assaltos etc., etc. É a atmosfera em que vivem e se agitam, porque já eram afins com ela antes de passarem para a vida invisível. É o que constantemente inspiram, sugerem e incitam, encontrando no homem um colaborador passivo, que facilmente se deixa dominar por suas terríveis seduções. A infelicidade alheia é o seu espetáculo preferido. Provocam mil distúrbios na sociedade e nos lares, pois se divertem com

---

[38] N.E.: Tratando-se de homicídio, será bom considerar que a vítima estaria resgatando um débito do passado e que o seu próprio inimigo de então, ao qual teria ofendido, poderá ter sugerido o ato deplorável ao homicida. Este, todavia, se se deixou influenciar a tal ponto, por um agente exterior, é porque nutria sentimentos igualmente inferiores, pervertidos. Prestou-se a ser, portanto, a pedra de escândalo e responderá, rigorosamente, pelo ato cometido perante a Lei de Deus.

a prática de malefícios. Não entendem a sublime significação dos vocábulos – amor, caridade, piedade, fraternidade, honestidade! Não creem em Deus nem têm religião. Odeiam o bem e o belo com todas as forças vibratórias que possuem. Odeiam os homens e os seguem sorrateira e covardemente, porque odiavam a própria sociedade, antes de morrerem, sabendo que não serão vistos nem pressentidos. E a perseguição mental que lhes movem, aos homens, é inveterada e implacável, afirmando eles que assim agem porque igualmente foram perseguidos, quando homens, pela sociedade, que nunca os protegeu contra os males com que tiveram de lutar: doenças, miséria, fome, falta de instrução, orfandade, desemprego, delinquência, desesperos de mil e uma naturezas... E muitos destes foram, com efeito, delinquentes que a sociedade perseguiu e levou ao desespero, em vez de ajudá-los a se reeducarem para Deus... O resultado de tal incúria por parte dos homens aí está: uma vez desaparecidos da vida objetiva, pela chamada morte, infestam, como Espíritos, a sociedade, e prejudicam-na, acobertados pelo segredo da morte...

Inquietos, ousamos perguntar ao paciente mentor, malgrado o respeito que nos inspirava:

— Mas... como poderão persistir em tal procedimento contra os homens? Não existirá, no além-túmulo, uma lei que os impeça de tais monstruosidades contra pessoas que, além do mais, ignoram encontrar-se sob suas influências?...

— Minha querida irmã! – explicou veemente –, será oportuno considerar que, da mesma forma, monstruosidade será a sociedade deixar um órfão, ou um filho de pais miseráveis ou delinquentes, criar-se ao abandono, pelas ruas... E a sociedade o faz, agora, e o fez com estes mesmos que estás vendo aqui... Monstruosidade será também omitir providência humanitária para que o jovem abandonado, ou o pobre, se instrua, eduque e habilite de modo a furtar-se à humilhação da ignorância, prendendo-se na escola do dever e da honestidade... No entanto, estes que aqui vemos foram banidos pela sociedade, que lhes não facilitou escola, nem educação, nem exemplos bons, senão a dureza de coração com que os tratou... Não se instruíram porque não tiveram meios de remunerar professores, e as escolas públicas nem sempre são acessíveis aos deserdados, como estes foram... Não puderam educar-se porque o lar é que modela os caracteres, e eles, desde a infância, viveram perambulando pelas ruas.... Tal como os vemos, são ainda frutos da sociedade... Sua impiedade foi libada na impiedade que receberam... Tornaram-se criminosos inveterados, na Terra e no Além, porque foram vítimas do crime do egoísmo da sociedade... Portanto, pertencem à sociedade terrena, esta é afim com eles e eles vivem nos ambientes que lhes convêm...

— É, pois, irremediável esse mal social?...

— No presente caso, cumprirá ao homem, para evitar o distúrbio de tais influências, habilitar-se para a harmonização com a luz, ou seja, com o bem. Para isso, ele possui a consciência, além de uma experiência secular, senão milenar, das gerações que o antecederam, e cujo patrimônio de moral e sabedoria ele herdou para sua orientação. Será necessário que o homem compreenda que, como parcela divina que é, veio ao mundo também para colaborar na obra de aperfeiçoamento do planeta em que vive, e essa colaboração certamente subentenderá auxílio às almas mais frágeis do que a dele, que gravitam ao seu lado nas peripécias da evolução. Todavia, se ele prefere permanecer nas trevas do próprio egoísmo, permitindo livre curso aos instintos inferiores, negando-se a reagir contra as próprias tendências más, será envolvido pelas trevas, pois se homiziou com elas... No homem honesto, sensato, prudente, sóbrio, amigo do bem, dificilmente, ou jamais, um assédio deste encontrará repercussão... Esqueceste que isso tem livre curso no grau de afinidades e também na invigilância, na imprudência, na inadvertência de cada um?... Raciocinemos, porém: é claro que nenhum homem quererá ser atropelado e fraturar uma perna ou um braço e ir para o hospital. É verdade que tanto o honesto como o indiscreto poderá ser atropelado e passar maus quartos de horas devido ao fato. Ambos, porém, com a própria invigilância, com a imprudência, a irreflexão e a displicência com que se habituaram a encarar as coisas do mundo, deixaram-se envolver pelas faixas maleficentes daqueles invisíveis, que vibram maliciosamente, divertindo-se com o sofrimento do próximo, e se arriscaram à travessia de uma rua em local e momento impróprios, atreveram-se a uma discussão, detiveram-se mais do que conviria em qualquer bar ou taverna, tornando-se, então, passivos aos desejos dos citados invisíveis... E daí por diante...

— E sabem que são desencarnados?... – indagamos, recordando a tese sugerida pelos amigos.

— Como não haveriam de saber? – respondeu vibrante. – Pois foram daqueles que acompanharam, minuto a minuto, no próprio túmulo, a desagregação da matéria apodrecida, rodeando-se dos complexos de uma atração material reforçada pelo ódio, pelo desejo de vingança, pelo sensualismo, pela embriaguez, pela desonestidade etc. Sabem que não possuem corpos materiais, *mas fingem que não sabem*, pretendendo enganar a consciência, tais os doentes incuráveis sobre a Terra... Em verdade, não entendem o mecanismo da separação dos próprios corpos astrais das formas carnais... e, como a morte os apavora, forçam a crença de que ainda são homens e, como tais, vivem e agem na vida invisível... Quando algum de nós outros, incumbido da instrução de delinquentes, deseja explicar-lhes a situação e mostrar-lhes, com vistas retroativas, o fenômeno do próprio desprendimento dos laços materiais, tentando atraí--los para o raciocínio da situação, negam-se a atender, tal como a ovelha revel, asseverando que vivem mais felizes agora que outrora, pois, agora, podem residir até nos palácios dos magnatas, até em hotéis de luxo, ao lado de belas mulheres; podem repousar em leitos perfumados, ao passo que, quando vivos, tudo lhes faltava, às vezes até mesmo o pão... E acrescentam zombeteiros: – Para que havemos de nos converter ao amor do próximo, se o próximo nunca nos amou?...

Prestamos atenção no aspecto dos infelizes que tínhamos sob as vistas. A despeito da grande inferioridade de que davam provas, percebemos que ainda existiriam outros abaixo na escala da moral, pois não eram daqueles que, em vocabulário espiritista, denominamos *embuçados*, ou seja, os que se apresentam trajados de longas túnicas negras e cabeça envolvida em capuz. Pareciam antes homens que Espíritos desencarnados. E dir-se-ia embriagados. Parece que tais entidades absorvem a essência, ou exalações, de bebidas alcoólicas, nos bares e tavernas e até nos cassinos e clubes de luxo, e também nos domicílios familiares, quando os circunstantes encarnados são dados a libações costumeiras. Parece que essas entidades incitam a todos a beber continuadamente, e que, por meio deles (envolvendo-se nas suas irradiações, em sua aura), com os quais estabelecem afinidades positivas, absorvem as emanações do álcool, como as de qualquer outro vício, inclusive o sexual, e se locupletam tão bem como se fossem homens carnais.

Eram, porém, tipos comuns, como tantos que vemos pelas ruas: vestes em desalinho, rotas, imundas, pés descalços, despenteados, fisionomias torturadas pela miséria e a fealdade, olhos profundos, como que sem vida, traindo, todos, a repercussão dos estragos que a putrefação dos próprios corpos carnais, no fundo dos túmulos, produziu na indumentária trajada pelo cadáver. Refletindo-se sobre o perispírito, impressionando-lhes a mente, atuando sobre as sensações, essa repercussão dava em resultado as vestes sórdidas com que nossa visão os via trajados. E todos se unificavam pelo mesmo baixo nível de moral, a despeito das diferentes posições sociais que alguns deles haviam ocupado na Terra.

Ao nos distinguirem, saudaram-nos com alegria e convidaram-nos a beber, supondo-nos parceiros, ou mesmo nada supondo. Naturalmente, recusamos, como recusaríamos igual convite de encarnados. Fizemo-lo, porém, cortesmente, agradecendo a atenção. Um deles, que parecia ébrio, sentado sobre a mesa que os demais rodeavam, e com os pés descansados sobre o assento da cadeira em que devia estar sentado, e sapateando sobre ela, enquanto cantava e tamborilava com os dedos numa garrafa, para se acompanhar na cantiga que entoava, disse de súbito, mal-humorado, dirigindo-se a nós mesmos:

— Se não bebeis, "seus" idiotas, que viestes fazer aqui?... Ide-vos, "desmancha-prazeres", antes que eu vos mande para o inferno com um soco... Ide-vos, ide-vos!... antes que eu vos quebre o braço ou a perna, com um encontrão... ou a cara... tanto faz...

Sorrimos, ouvindo-o, seguros como estávamos da presença do guardião, a quem não mais víamos, mas sentíamos junto de nós.

— Vimos apenas visitá-los, pois somos irmãos à face de Deus... - respondemos com serenidade.

Pareceu não ouvir. E acreditamos que tudo quanto pudéssemos dizer no intuito de doutriná-lo seria em vão. Nada entenderiam, nada assimilariam, pois eram criaturas de má vontade, cegos que não desejavam ver. Entretanto, continuou o que falara, ainda se dirigindo a nós:

— Olha! Tendes o braço quebrado?... Como quebrastes teu braço?... Estais com o braço partido!... Fostes atropelados?... Quando, hoje?... Sim! Sereis atropelados amanhã, partireis o braço, dareis entrada no hospital... Estarei lá para vos assistir e consolar... Partireis o braço, partireis o braço... Sereis atropelados amanhã, amanhã...

Os demais se puseram a nos olhar com atitudes zombeteiras e prorromperam em gargalhadas estridentes. Estabeleceu-se desordem, vozerio, confusão, e todo o grupo nos tocava o braço, afirmando que ele estava quebrado, pois no dia seguinte seríamos atropelados...

Dor violenta começamos a sentir então, no braço. Era o esquerdo. Seguramo-lo com a destra e procuramos examiná-lo. Estava, com efeito, fraturado, ensanguentado, o osso à mostra, e as dores eram cada vez mais atrozes. Fôramos inteiramente envolvidos pelas vibrações maléficas daquelas entidades. Certeza absoluta sentimos, então, de que no dia seguinte algo aconteceria, acarretando tal consequência para o nosso corpo carnal, completamente esquecidos de que ali nos encontrávamos sob vigilância de um guardião da Espiritualidade, para instrução. Ainda assim, tivemos forças para uma súplica:

— Meu Deus! Livrai-nos destes obsessores!

Fomos, então, retirados do terrível recinto, e o amigo espiritual explicou:

— Assim fazem eles com aqueles que se deixam envolver por suas sugestões... Em vez de "braço fraturado" ou "atropelamento", suponhamos que sugiram o suicídio, o homicídio, uma mesa de jogo, um conflito, uma rixa, um adultério... Suponhamos que, em vez de carregarem de vibrações pesadas um braço, para que a vítima o suponha fraturado e sinta dores atrozes, carreguem a mente com sugestões luxuriosas... Aí teremos também a irremediável desonra, o vício, o desregramento sexual... Far-se-á maléfica a hipnose, e aquele que não teve forças morais e vibratórias para se desvencilhar das teias em que se deixou envolver, submeter-se-á a tudo...

— As vítimas não terão responsabilidade, portanto, nos delitos que, por essa forma, praticarem?...

— Terão, ao contrário, grande responsabilidade, visto que encontraram exatamente aquilo que desejaram e procuraram, por meio dos maus pensamentos que alimentaram e da displicência com que se conduziram... pois que, se não fossem igualmente inferiores, tais como os ditos perseguidores, seus espíritos não se acumpliciariam com eles durante o sono, nem aceitariam suas sugestões, por assim dizer, hipnóticas... Então não sabes que "os afins se procuram"?...

— Como, então, fomos sugestionados, a ponto de enxergar nosso braço fraturado e sentir dores?...

— Estávamos em instrução, estudando o fenômeno, a fim de apresentá-lo como material de estudo e advertência, e por isso eu permiti que vos envolvêsseis em certa onda de vibrações por eles emitida... Não fora isso, e se vos afinásseis, realmente, com eles, amanhã sofreríeis qualquer acidente, por eles provocado, talvez mesmo o atropelamento, e teríeis fraturado o braço... Eles sabem preparar o laço para os incautos... Mas porventura ainda sentis o braço magoado?

Olhamos surpresos, e, sob a salutar influência do guardião espiritual, tudo havia desaparecido de nosso braço perispirítico. Não obstante, voltamos à indagação:

— E não existirá um meio de retirar tais entidades do seio da sociedade, para que nós, humanos, obtenhamos um pouco mais de serenidade para viver e trabalhar, cuidando do nosso progresso?

— Sim, existe, e muito eficiente! Que o homem se reeduque, transformando-se sob as inspirações do dever, praticando atos justos todos os dias de sua vida! Que se conduza guiado por mente sadia e honesta! Que se torne respeitoso e submisso à ideia de Deus, dispondo-se a observar suas leis... e tais falanges desertarão dos ambientes terrenos... Aliás, os próprios homens obsidiam esses tais, visto que frequentemente os atraem com pensamentos, vícios e ações idênticos aos deles, incitando-os a imitá-los, em vez de procurarem instruí-los com exemplos bons...

— Não poderíamos doutriná-los?

— A quem?...

— Aos obsessores...

— A lei do progresso certamente agirá sobre eles... Entretanto, tal como se encontram no momento, não aceitariam a palavra da Verdade... Será necessário a ação do tempo, o trabalho da consciência, a dor consequente ao desequilíbrio em que vivem, provocando o arrependimento, para que se decidam à emenda... Vós, espíritas e médiuns, trazeis convosco forças magníficas para o trabalho de auxílio aos vossos guardiães espirituais, na catequese desses irmãos... Se os vossos núcleos de trabalhos espíritas, pela sua idoneidade, pela respeitabilidade e proficiência dos trabalhos a realizar, cativaram a confiança dos vossos instrutores da Espiritualidade, poderemos até mesmo detê-los na sede dos mesmos, para que aproveitem do vosso labor doutrinário, recebendo instruções diárias convosco... A dificuldade residirá na decisão para os sacrifícios a praticardes durante os trabalhos indispensáveis, sacrifícios que implicarão grande série de renúncias, devotamento incansável, renovação diária do vosso próprio caráter, que deverá, tanto quanto possível, elevar-se à altura do discípulo da Revelação, que exige dos seus adeptos uma extensão de vistas, ou princípios, verdadeiramente heroica! Ao vos reunirdes em preces e estudos, se vos lembrardes de dirigir a esses tais um pensamento amoroso, por intermédio da exortação da prece; se lerdes páginas conselheirais e educativas em sua homenagem, a sós ou reunidos, e se as comentardes após, carrearemos vossos pensamentos, vossas palavras e vossa imagem até onde eles se encontrem. Eles vos enxergarão e ouvirão, a despeito da lonjura em que se acharem. Se, pelos predicados já por vós adquiridos, suportardes a responsabilidade da sua presença, poderemos até mesmo trazê-los, momentaneamente, para junto de vós, pois vossas virtudes serão poderosos estimulantes para a reação que necessitam aplicar a si próprios, visando a se recuperarem para o arrependimento... Ainda que contra a própria vontade, serão obrigados a vos ver e ouvir, pois este fenômeno está na lei natural, é tão normal e comum como as chuvas caírem no verão, as quais alegrarão a alguns e aborrecerão a outros, mas que todos terão de suportar, porque se trata de um fato natural, inevitável... Com o tempo, se fordes perseverantes na vossa atitude de amoroso auxílio, o efeito será satisfatório. Nossa dedicação, conjugada com a vossa, beneficiará de tal forma os pobres delinquentes, que a boa vontade para a emenda bem cedo raiará... Nova encarnação se delineará para eles, oferecendo-lhes meio mais rápido de expurgos conscienciais... E, daí para o futuro, não será tão difícil a caminhada para a regeneração total...

— Podereis explicar-nos, agora, qual a razão pela qual alguns irmãos desencarnados passam, às vezes, séculos supondo-se vivos, ou antes, habitantes, ainda, da Terra, num corpo carnal? Onde reside o mecanismo de tal fenômeno?

Sem parecer admirado de tal pergunta, o guardião respondeu com naturalidade:

— Em primeiro lugar, o fato ocorre porque suas ideias, quanto ao mundo espiritual, eram bem diferentes daquilo que os cerca após a morte, ao passo que se sentem mais vivos, mais vibráteis do que se sentiam quando humanos. Em segundo, porque são teimosos, retrógrados, cegos que não querem ver, ou seja, são senhores da própria vontade para aceitarem ou rejeitarem este ou aquele fato, tal como o eram na Terra. Não obstante, existem causas múltiplas no "mecanismo" que inventastes para complicar o acontecimento, ou o ensinamento, que os códigos da Revelação Espírita já ofereceram aos atentos... No caso do infeliz atirado ao poço repleto de víboras, houve o traumatismo moral-mental, além do físico, antecedendo a chamada morte. O supliciado sentiu tal horror ao acontecido (no Oriente era comum tal gênero de suplício para os grandes criminosos), sofreu tão intenso martírio na situação a que se viu arrojado, que todas as moléculas do seu perispírito se chocaram violentamente, provocando um traumatismo generalizado. O suicida não se sente vivo, e assim não se julga, a despeito de haver procurado a morte? Aliás, no caso houve também o despertar da consciência delituosa: ele reviu, em retrospecto, como em pesadelo, o crime por ele mesmo cometido no pretérito, contra certa personalidade de quem desejou desfazer-se... Um poço não guarda melhor o segredo de um homicida do que um rio, ou uma sepultura aberta no campo ou no fundo do quintal?...

"A surpresa, o remorso, o pavor do Desconhecido, o terror à Justiça divina agravaram-lhe a situação mental. Estabeleceu-se a confusão e ele se reputou vítima de um pesadelo. Em verdade, o seu Espírito não permaneceu no fundo do poço durante dois séculos. O que se passava era a impressão mental, provocando as sensações intensas do perispírito, o fenômeno da 'repercussão', na mente, do acontecimento que produziu a morte do corpo de carne, morte violenta e dolorosa por excelência, sob todos os aspectos. O ver-se e sentir-se no fundo de um poço, irremediavelmente perdido, atacado por múltiplas impressões torturantes; a consciência culpada de um crime idêntico, na pessoa do próximo, trazendo-lhe o remorso, deram em resultado ser o fato insculpido na mente, traumatizado o perispírito pelo acervo de sensações violentas. E, como a mente é criadora, e como o pensamento tem possibilidades de impor qualquer impressão, ideia ou recordação, onde quer que o infeliz estivesse se encontraria no fundo de um poço. Quando encetais longa viagem, a trepidação do comboio, que vos perturbou os nervos e as sensibilidades mentais, não prolongam, embora vagamente, as impressões da viagem, não obstante já tenhais chegado ao destino? Não continuais revendo as paisagens que foram contempladas, não vos ensurdecem ainda os rumores do veículo, não continuais mesmo a sentir como se estivésseis no veículo em movimento? Só no dia seguinte, após sono reparador, estareis sereno, refeito do trauma nervoso-mental... Não esqueçamos, outrossim, que as impressões e as sensações são vigorosamente mais intensas nos desencarnados do que nas criaturas humanas. Assim sendo, um choque violento, o ódio inveterado (espécie de traumatismo moral-sentimental), a vingança e até o amor desordenado operam tais fenômenos, e o seu mecanismo está sediado no poder natural da mente, na vontade imperiosa que agiu à revelia da própria consciência, na inferioridade dos sentimentos, pois tudo isso resulta do acervo de paixões incontroláveis.

"A uma entidade em boas condições morais e mentais não sucederá o mesmo. Demorais a entender tal 'mecanismo' porque vos achais ainda longe de compreender a intensidade das sensações e das impressões de um desencarnado, assim como do seu poder mental. Existem Espíritos que, afastados da vida terrena há séculos, insistem em viver consoante suas inclinações apaixonadas, ou seja, habitando castelos e praças fortes, como o fizeram em seus tempos de condestáveis. A vontade que têm de prolongar a época do fausto e do poderio e a força mental de que podem dispor retêm as lembranças do passado, consolidam-nas, e eles assim permanecem, dentro da época em que viveram sobre a Terra, mas sem compreenderem o que realmente se passa. Se lhes perguntarmos: 'Sois homens ou Espíritos alados?', responderão: 'Somos homens!' E porque vivem e agem como homens, frequentemente se intrometem na vida dos homens terrestres, influenciando-os em mil e uma peripécias cotidianas...

"O além-túmulo pertinente à Terra está crivado de castelos, abadias, cortes poderosas, praças fortes e até tribunais e patíbulos. A Inquisição, ali, ainda não foi extinta! E todos os seus habitantes, ou criadores, se consideram vivos (como realmente são, embora destituídos da carne), ignorando, muitos deles, que são desencarnados. Alguns não passam de hipócritas, ao afirmarem tal, pois conhecem a própria situação, embora não entendam muito bem o que se passa. Outros fingem ignorar o verdadeiro estado, devido ao terror que sentem pela morte, a qual lhes trará o julgamento divino, segundo as crenças que esposam. Há, ainda, aqueles que não se sentem animados para a responsabilidade que a evidência de tal realidade acarreta para o desencarnado, e outros ainda vacilam... Mais raros são, com efeito, os sinceros no afirmar a ignorância de um acontecimento que se impõe pela força da própria realidade... afora os recém-desencarnados de ordem medíocre ou inferior. Aliás, todos eles vivem dentro da Eternidade. E o que são dois séculos, dois milênios para a Eternidade?...

"Não deveis complicar acontecimentos dessa ordem com discussões estéreis, interpretações personalistas ou suposições arriscadas. Deveis é reestudar atentamente, metodicamente, o que há sido concedido com a Revelação Espírita, elevando-vos, quanto possível, ao nível de sinceros intérpretes do mundo invisível, propagando os segredos que fordes desvendando, explicando-os do alto das tribunas, por meio da imprensa, em 'mesas redondas' ou em reuniões públicas ou particulares, porque o homem hodierno tem urgente necessidade de conhecer certos grandes e terríveis segredos do Além, a fim de se conduzir à altura da responsabilidade de ser partícula da própria essência divina, como Espírito imortal que em verdade é, e não apenas substância material destinada ao monturo da sepultura. A Revelação Espírita é bela, grandiosa e profunda. Que não vos detenhais, pois, na sua propagação, descerrando os véus dos grandes ensinamentos que ela traz, pois este é o vosso dever, e para isso nascestes dotados do inapreciável poder que vos torna porta-voz de dois mundos..."

* * *

No entanto, a verdade é que, no dia seguinte, nos sentimos meio apavorados, receosos de sofrer qualquer acidente que nos fraturasse o braço... Foi-nos necessário orar e vigiar atentamente, nesse dia, para que a sugestão sofrida durante o transe noturno, para instrução, se extinguisse definitivamente. Nada nos sucedeu, porém, e à tarde estávamos completamente recuperados para as dúlcidas irradiações da Espiritualidade iluminada, que nos concede seus ensinamentos. Fora apenas uma demonstração ao vivo – espécie de exibição cinematográfica –, para desvendar alguns dos muitos segredos do Invisível, pois certamente que o médium não conseguirá devassar apenas as regiões felizes...

DEVASSANDO O INVISÍVEL				
EDIÇÃO	IMPRESSÃO	ANO	TIRAGEM	FORMATO
1	1	1963	4.965	13x18
2	1	1964	10.006	13x18
3	1	1976	10.200	13x18
4	1	1978	10.200	13x18
5	1	1984	5.100	13x18
6	1	1985	10.200	13x18
7	1	1987	15.000	13x18
8	1	1991	15.000	13x18
9	1	1994	10.000	13x18
10	1	1998	5.000	13x18
11	1	2000	3.000	13x18
12	1	2001	3.000	13x18
13	1	2003	3.000	13x18
14	1	2004	2.000	14x21
14	2	2006	2.000	14x21
14	3	2007	5.000	14x21
14	4	2009	2.000	14x21
14	5	2010	2.000	14x21
14	6	2011	2.000	14x21
14	7	2012	2.000	14x21
15	1	2012	3.000	16x23
15	2	2013	3.000	16x23
15	3	2014	3.000	16x23
15	4	2016	2.000	16x23
15	5	2017	2.300	16x23
15	6	2018	1.000	16x23
15	7	2018	1.000	16X23
15	8	2019	1.600	16X23
15	9	2021	1.000	16x23
15	10	2022	1.200	15,5x23
15	11	2023	1.000	15,5x23
15	12	2024	700	15,5x23
15	13	2024	1.000	15,5x23

O QUE É ESPIRITISMO?

O ESPIRITISMO É UM CONJUNTO DE PRINCÍPIOS E LEIS revelados por Espíritos Superiores ao educador francês Allan Kardec, que compilou o material em cinco obras que ficariam conhecidas posteriormente como a Codificação: *O livro dos espíritos*, *O livro dos médiuns*, *O evangelho segundo o espiritismo*, *O céu e o inferno* e *A gênese*.

Como uma nova ciência, o Espiritismo veio apresentar à Humanidade, com provas indiscutíveis, a existência e a natureza do Mundo Espiritual, além de suas relações com o mundo físico. A partir dessas evidências, o Mundo Espiritual deixa de ser algo sobrenatural e passa a ser considerado como inesgotável força da Natureza, fonte viva de inúmeros fenômenos até hoje incompreendidos e, por esse motivo, são tidos como fantasiosos e extraordinários.

Jesus Cristo ressaltou a relação entre homem e Espírito por várias vezes durante sua jornada na Terra, e talvez alguns de seus ensinamentos pareçam incompreensíveis ou sejam erroneamente interpretados por não se perceber essa associação. O Espiritismo surge então como uma chave, que esclarece e explica as palavras do Mestre.

A Doutrina Espírita revela novos e profundos conceitos sobre Deus, o Universo, a Humanidade, os Espíritos e as leis que regem a vida. Ela merece ser estudada, analisada e praticada todos os dias de nossa existência, pois o seu valioso conteúdo servirá de grande impulso à nossa evolução.

FEB editora
Livro espírita para um novo mundo
www.febeditora.com.br
@febeditoraoficial
@febeditora

Conselho Editorial:
Carlos Roberto Campetti
Cirne Ferreira de Araújo
Evandro Noleto Bezerra
Geraldo Campetti Sobrinho – Coord. Editorial
Jorge Godinho Barreto Nery – Presidente
Maria de Lourdes Pereira de Oliveira
Miriam Lúcia Herrera Masotti Dusi

Produção Editorial:
Elizabete de Jesus Moreira

Revisão:
Elizabete de Jesus Moreira
Neryanne Paiva

Capa, Projeto Gráfico e Diagramação:
Ingrid Saori Furuta

Foto de Capa:
KiskaMedia | istockphoto.com

Normalização Técnica:
Biblioteca de Obras Raras e Documentos Patrimoniais do Livro

Esta edição foi impressa pela FM Impressos Personalizados LTDA., Barueri, SP, com tiragem de 1,4 mil exemplares, todos em formato fechado de 155x230 mm e com mancha de 116,4x180 mm. Os papéis utilizados foram o Off white bulk 58 g/m² para o miolo e o Cartão 250 g/m² para a capa. O texto principal foi composto em fonte Minion Pro 11,5/15,2 e os títulos em Filosofia Grand Caps 24/25. Impresso no Brasil. *Presita en Brazilo.*